国家自然科学基金青年科学基金项目"大都市圈中心城市产业结构升级的特征、机理及其区域影响研究——以京津冀都市圈为例"（41301123）

都市圈产业升级与区域结构重塑

Industrial Upgrading and Regional Structure
Reshaping in Metropolitan Area

陈红霞 ◎ 著

科学出版社

北　京

图书在版编目（CIP）数据

都市圈产业升级与区域结构重塑 / 陈红霞著. —北京：科学出版社，2018.6
ISBN 978-7-03-058111-2

Ⅰ. ①都…　Ⅱ. ①陈…　Ⅲ. ①城市群 – 产业结构升级 – 研究 – 中国
②城市群 – 产业结构调整 – 研究 – 中国　Ⅳ. ①F269.24

中国版本图书馆 CIP 数据核字（2018）第 133443 号

责任编辑：石　卉　吴春花 / 责任校对：孙婷婷
责任印制：徐晓晨 / 封面设计：有道文化

科 学 出 版 社 出版
北京东黄城根北街 16 号
邮政编码：100717
http://www.sciencep.com
北京凌奇印刷有限责任公司印刷
科学出版社发行　各地新华书店经销
*

2018 年 6 月第　一　版　　开本：720 × 1000　1/16
2025 年 2 月第三次印刷　　印张：13　1/4
字数：238 000
定价：**82.00 元**
（如有印装质量问题，我社负责调换）

序

　　当前都市圈成为世界经济最为活跃的区域，也是地区和国家参与全球竞争的重要空间单元。在全球化和区域经济一体化时代，产业升级意味着地区职能的调整和地区之间关系的重构，因此，都市圈产业升级及其带来的区域结构影响，实质是"地区之间交互作用"引致的"经济活动地域体系的形成和发展过程"，而这正是区域经济学、经济地理学研究的核心问题。

　　都市圈营建是我国城镇化和区域发展的重要战略之一，然而目前相关研究也面临诸多"瓶颈"制约，如相关概念没有明确的界定标准，区域结构分析主要基于传统研究的"垂直关系"假设，等等，这些问题给实践发展带来了困扰，不过，也给学术研究和探讨提供了可能的空间。

　　产业升级可以改变区域的集聚形态、均衡水平，合理引导中心城市产业升级被认为是优化区域经济、空间结构的重要途径，但在我国区域产业结构升级的大背景下，如何制定可操作性的政策，以引导都市圈这一类特殊区域产业结构升级与区域结构优化，实现二者良性互动还处于探索阶段。该书以京津冀、长三角、珠三角三大都市圈为案例，从打造世界级城市群的高度，探讨了都市圈产业结构升级与区域结构演进的基本规律，系统地梳理总结了都市圈产业升级与区域结构演进的相关研究，界定了都市圈、中心—外围、都市圈结构等概念内涵，在理论框架的基础上，从都市圈产业升级与区域职能结构演进、都市圈产业升级与城镇等级结构演进、都市圈产业结构升级与区域治理结构演进三个角度系统分析了产业升级与都市圈经济、空间、治理结构之间的协同发展关系。

该书研究体现了三个"新"，一是研究角度新，综观相关文献，与都市圈静态的经济空间结构的丰富成果相比，针对都市圈结构变动及其影响的动态研究相对薄弱，本研究从产业升级角度分析变化中的区域系统，探索了由静态研究向动态研究的转型。二是选题立意新，传统研究对区域结构的分析多是基于都市圈"中心"与"外围"垂直层级关系的理论假设，而对产业升级的定量研究，区域分工合作关系变化，以及由此引致的区域职能结构、城镇等级结构和区域治理结构的网络化特征分析则明显不足，该书在文献评述的基础上厘清理论脉络，并尝试突破已有研究框架的制约。三是研究内容新，该书遵循"理论分析—实证研究—规范分析"的基本研究范式，以文献研究和理论分析相结合、案例研究和规范分析相结合作为基本研究方法。根据研究重点将区域结构分解为区域职能结构、城镇等级结构和区域治理结构三个维度，进而对"都市圈产业升级引致的区域结构变化"进行解构，分析过程和结果具有说服力。

陈红霞博士作为一名年轻学者，能够不断探索新问题并致力于寻求理论解释，实属难能可贵。其治学勤勉、笔耕不辍，已经在城市与区域管理领域取得了很多可喜的成绩，该书的出版亦是她所主持的国家自然科学基金青年科学基金项目成果的集结，欣然为之作序，希望她能以此为起点，再接再厉，取得更大进步。

李国平

2018 年 1 月

前　言

　　经济全球化和区域经济一体化正使地区经济日益嵌入全球分工网络中，在这样的背景下，都市圈成为世界经济最为活跃的区域。本书以京津冀、长三角、珠三角三大都市圈为案例，分析总结都市圈产业升级与都市圈结构演进之间的理论关系和实践表征。

　　本书以"都市圈产业升级对区域结构影响"为主线，分析都市圈产业结构与区域结构互动的基本规律。基于实践考察，研究认为都市圈一体化下的产业升级不仅提升了城市经济的实力和竞争力，更成为重塑区域经济和空间结构的主导力量，主要表现在以下几个方面：一是随着产业结构调整，城市主导产业中外向型产业迅速发展，区域产业空间分工发生变化，进而改变了区域职能结构；二是随着中心—外围各城市产业升级，城市对外辐射和带动能力增强，城市等级随之提高，进而改变了区域的城镇等级结构体系；三是在都市圈产业升级的背景下，区域分工合作调整，城镇等级结构改变的过程中，中心城市之间，以及中心城市与外围地区之间的互动关系和模式发生变化，区域治理结构也随之调整。

　　全书分为六章，第一章介绍了研究的选题背景和研究意义，并在文献评述的基础上确定了研究内容和研究方法。第二章界定了本研究的核心概念，并通过概念之间逻辑关系的分析确定了研究的理论框架。第三章分别从三大都市圈的"中心城市"和"外围地区"两个角度，对都市圈产业升级特征进行了实证比较。第四章至第六章属于实证研究，分别分析了都市圈产业结构升级与区域职能结构演进的关系，都市圈产业结构升级与城镇等级结构演进的关系，以及都市圈产业结构升级与区域治理结构演进的关系。作为发展较为成熟的都市圈，三大都市圈产业升级和区域结构的协同演进具有一定的代表性。本书实证了都市圈产业升级不仅表现在城市产业的合理化和高级化上，还体现在产业体系内部关联变化，城市分工合作中的相对地位变化，以及城市之间的互动关系变化等区域层面，即都市圈产业升级对区域经济、空间和治理结构的影响。

　　本书是作者所主持的国家自然科学基金青年科学基金项目"大都市圈中心城市产业结构升级的特征、机理及其区域影响研究——以京津冀都市圈为例"（41301123）的研究成果。研究项目开展过程中，作者先后多次到京津冀、长三角、珠三角等地进行调查研究，在此，对在调查研究过程中给予协助的相关单位表示衷心的感谢。本书写作过程中得到了北京大学首都发展研究院院长李国平教授、中国科学院地理科学与资源研究所李佳洺博士等的大力支持，此外，郭文文、吴姝雅和贾淑雯等同学参与了书中部分内容的数据梳理等工作，特此致谢。限于理论水平与实践经验，书中难免有不尽如人意之处，望广大读者批评指正。

陈红霞

2017 年 12 月

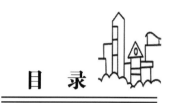

目 录

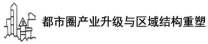

都市圈产业升级与区域结构重塑

第一章

绪　　论

第一节　选题背景与研究意义

一、选题背景

综观目前全球经济和城镇化发展的基本趋势，以一个或几个世界城市为中心的大都市圈①已成为世界经济最为活跃的区域。J.戈特曼（J.）于 1976 年提出的六大城市群，即以纽约为中心的美国东北部大西洋沿岸城市群、以芝加哥为中心的北美五大湖城市群、以东京为中心的日本太平洋沿岸城市群、以伦敦为中心的英国城市群、以巴黎为中心的欧洲西北部城市群、以上海为中心的中国长江三角洲城市群，无一例外地成为各自国家或地区经济和社会活动的主要载体，并开始逐步主导全球经济。

Scott（2002）将区域发展的这一现象称为"世界都市圈增长时代"，认为随着区域产业结构升级，企业总部和生产性服务业不断向中心城市集中，改变了都市圈内地区分工的空间形态，促进了都市圈发展。在经济全球化和经

---

① 都市圈在有些文献中被称为城市群、都市带等，本研究主要使用都市圈概念，详见第二章概念界定。

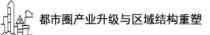

济转轨的过程中，我国的长江三角洲（简称长三角）、珠江三角洲（简称珠三角）、京津冀等都市圈产业结构升级步伐加快。

都市圈一体化下的产业结构升级不仅提升了城市经济实力和竞争力，更成为重塑区域经济和空间结构的主导力量，主要表现在以下几个方面：一是随着产业结构调整，城市主导产业中外向型产业迅速发展，区域产业空间分工发生变化，进而改变了区域职能结构；二是随着中心—外围各城市产业结构升级，城市对外辐射和带动能力增强，依据 W.克里斯塔勒（W.Christaller）的中心地理论（central place theory），城市等级随之提高，进而改变了区域的城镇等级结构体系；三是在都市圈产业结构升级的背景下，区域分工合作调整，城镇等级结构改变的过程中，中心城市之间，以及中心城市与外围地区之间的互动关系和模式发生变化，区域治理结构也随之调整。

二、研究意义

"都市圈产业升级与区域结构发展的关系"是国内外经济地理学、区域经济学等领域研究的热点之一。近几十年来，随着日本、欧洲等国家和地区几个主要世界城市的产业结构升级，企业总部和生产性服务业不断向中心城市集中，产品制造业向周边城市转移的趋势逐渐增强（Duranton and Puga，2000），区域经济和空间格局重组的趋势明显，地区之间横向联系增强，这一现象也被称为"世界城市网络"（Taylor and Walker，2001；Scott，2002）。我国的长三角、珠三角等大都市圈也陆续出现类似的特征。因此，从现实背景出发，分析区域产业结构升级过程，探讨其对都市圈范围内不同维度（区域职能结构、城镇等级结构、区域治理结构）的动态影响，进一步发展都市圈理论是需要解决的重大应用科学问题，具有重要的理论意义。

都市圈营建是我国城镇化和区域发展的重要战略之一，《中华人民共和国国民经济和社会发展第十个五年计划纲要》（简称"十五"计划）提出了"引导城镇密集区有序发展"的目标（表 1-1）。《中华人民共和国国民经济和社会发展第十三个五年规划纲要》（简称"十三五"规划）明确了建设京津冀、长三角、珠三角世界级城市群，以及若干区域城市群的发展方向（表 1-1）。针对产业结构升级（表 1-2），《中华人民共和国国民经济和社会发展第十二个五年规划纲要》（简称"十二五"规划）中明确"推动特大城市形成以服务经济为主的产业结构"；"十三五"规划提出了优化现代产业体系的目标，即"围绕结构深度调整、振兴实体经济，推进供给侧结构性改革，培育壮大新兴产业，改造提升传统产业，加快构建创新能力强、品质服务优、协作紧密、环境友好的现代产业新体系"。作为大都市圈中心城市的北京、天津、上海、广州、深圳等相继提出产业结构升级（表 1-3）。因此，在经济全球化、区域经济一体化及经济转轨的时代背景下，系统分析都市圈产业结构升级的基本规律，以及对区域经济、空间的影响作用和机理，以期促成区域形成合理的产业结构体系，打造合理分工、互惠互利的良好格局，具有重要的实践价值。

表 1-1　"十五"计划后城市群发展主要方向

五年计划/规划	规划期限	城市群发展主要相关内容
"十五"计划	2001~2005 年	走符合我国国情、大中小城市和小城镇协调发展的多样化城镇化道路，逐步形成合理的城镇体系。有重点地发展小城镇，积极发展中小城市，完善区域性中心城市功能，发挥大城市的辐射带动作用，引导城镇密集区有序发展。防止盲目扩大城市规模
"十一五"规划	2006~2010 年	要把城市群作为推进城镇化的主体形态，逐步形成以沿海及京广京哈线为纵轴，长江及陇海线为横轴，若干城市群为主体……高效协调可持续的城镇化空间格局
		已形成城市群发展格局的京津冀、长江三角洲和珠江三角洲等区域，要继续发挥带动和辐射作用，加强城市群内各城市的分工协作和优势互补，增强城市群的整体竞争力
		具备城市群发展条件的区域，要加强统筹规划……形成若干用地少、就业多、要素集聚能力强、人口分布合理的新城市群
"十二五"规划	2011~2015 年	以大城市为依托，以中小城市为重点，逐步形成辐射作用大的城市群，促进大中小城市和小城镇协调发展。构建以陆桥通道、沿长江通道为两条横轴，以沿海、京哈京广、包昆通道为三条纵轴，以轴线上若干城市群为依托、其他城市化地区和城市为重要组成部分的城市化战略格局，促进经济增长和市场空间由东向西、由南向北拓展
		在东部地区逐步打造更具国际竞争力的城市群，在中西部有条件的地区培育壮大若干城市群
"十三五"规划	2016~2020 年	坚持以人的城镇化为核心、以城市群为主体形态、以城市综合承载能力为支撑、以体制机制创新为保障……推进城乡发展一体化
		优化提升东部地区城市群，建设京津冀、长三角、珠三角世界级城市群，提升山东半岛、海峡西岸城市群开放竞争水平。培育中西部地区城市群……建立健全城市群发展协调机制，推动跨区域城市间产业分工、基础设施、生态保护、环境治理等协调联动，实现城市群一体化高效发展

资料来源：根据各计划、规划文本整理

注：由于涉及内容较多和篇幅所限，本表只选取所涉及的主要内容

表1-2 "十五"计划后产业结构升级主要方向

五年计划/规划	规划期限	产业结构升级主要相关内容
"十五"计划	2001~2005 年	加强农业基础地位，促进农村经济全面发展 优化工业结构，增强国际竞争力 重点强化对传统产业的改造升级，进一步发挥劳动密集型产业的比较优势。积极发展高新技术产业和新兴产业，形成新的比较优势 发展服务业，提高供给能力和水平 加速发展信息产业，大力推进信息化
"十一五"规划	2006~2010 年	建设社会主义新农村：发展现代农业 推进工业结构优化升级：加快发展高技术产业；振兴装备制造业；优化发展能源工业；调整原材料工业结构和布局；提升轻纺工业水平；积极推进信息化 加快发展服务业：拓展生产性服务业；丰富消费性服务业；促进服务业发展的政策
"十二五"规划	2011~2015 年	强农惠农加快社会主义新农村建设：加快发展现代农业 转型升级提高产业核心竞争力：改造提升制造业；培育发展战略性新兴产业；推动能源生产和利用方式变革；构建综合交通运输体系；全面提高信息化水平；推进海洋经济发展 营造环境推动服务业大发展：加快发展生产性服务业；大力发展生活性服务业；营造有利于服务业发展的环境
"十三五"规划	2016~2020 年	推进农业现代化 优化现代产业体系 围绕结构深度调整、振兴实体经济，推进供给侧结构性改革，培育壮大新兴产业，改造提升传统产业，加快构建创新能力强、品质服务优、协作紧密、环境友好的现代产业新体系。实施制造强国战略；支持战略性新兴产业发展；加快推动服务业优质高效发展

资料来源：根据各计划、规划文本整理

注：由于涉及内容较多和篇幅所限，本表只选取所涉及的主要内容

表1-3 "十五"计划后三大都市圈中心城市产业结构升级主要内容

城市	"十五"计划	"十一五"规划	"十二五"规划	"十三五"规划
北京	以大幅度提升产业综合竞争力为目标，突出发挥科技进步和信息化对产业升级的推动作用，加快发展现代服务业，大力发展高新技术产业，积极推进农业现代化，实现三次产业全面升级，形成符合首都功能要求、市场适应性和竞争力强的产业结构	走高端产业发展之路，把现代服务业发展放在优先位置，大力发展高新技术产业，适度发展现代制造业，显著提升都市型现代农业水平	坚持高端、高效、高辐射的产业发展方向，以提升产业素质为核心，着力打造"北京服务"、"北京创造"品牌，显著增强首都经济的竞争力和影响力 坚持优化一产、做强二产、做大三产，推动产业融合发展，构建首都现代产业体系 推进都市型现代农业发展；提升高技术和现代制造业发展水平；加快服务业调整升级	坚持三产提级增效发展、二产智能精细发展、一产集约优化发展，深化调整三次产业内部结构，促进三次产业融合发展，加快构建与首都城市战略定位相适应、与人口资源环境相协调的现代产业体系 加快发展生产性服务业提高生活性服务业品质；大力发展战略性新兴产业；加快推动文化产业发展；发展都市型现代农业

城市	"十五"计划	"十一五"规划	"十二五"规划	"十三五"规划
天津	以市场为导向，以提高经济效益为中心，以科技进步为依托，以企业为主体，立足于优化升级，对产业结构进行战略性调整。大力发展服务业，建立与现代化国际港口大都市和北方重要经济中心相匹配的服务体系。合理布局，调整改造工业，全面提升整体素质和国际竞争力。积极发展沿海都市型农业，加快农业现代化进程	以改革开放和科技创新为动力，加快经济结构调整，促进三次产业全面优化升级……统筹城乡发展，建设社会主义新农村；加快新型工业化步伐，建设具有更多自主知识产权和品牌的现代制造业基地；围绕提升城市功能，加快发展现代服务业	积极适应市场需求变化，把握技术发展趋势，推进结构调整，优化产业布局，抓好大项目好项目建设，大力发展结构优化、技术先进、清洁安全、附加值高、吸纳就业能力强的现代产业体系，形成高端化高质化高新化产业结构，提高产业核心竞争力，着力构筑高端产业高地 做大做强先进制造业；大力发展现代服务业；巩固发展都市型农业	加快调整优化产业结构，推动产业融合发展，提高产业核心竞争力，构建以服务经济为主体、先进制造业为支撑、都市型农业为补充的现代产业体系，基本建成全国先进制造研发基地和生产性服务业集聚区
上海	深化"三、二、一"产业发展方针，大力发展高增值、强辐射、广就业的产业。以提高经济效益和创新能力为导向……强化科技进步和信息化对产业升级和传统产业改造的推动作用，强化支柱产业对经济增长和结构升级的带动作用，强化不同产业融合发展对产业创新的促进作用，在发展中推进产业结构优化升级	继续坚持"三、二、一"产业发展方针，按照逐步形成服务经济为主的产业结构的总体要求，优先发展现代服务业和先进制造业，把提高自主创新能力作为产业结构优化升级的中心环节，以信息化为基础提升产业能级，促进二、三产业融合发展，努力提高产业国际竞争力	按照高端化、集约化、服务化，推动三二一产业融合发展，加快形成服务经济为主产业结构的发展方针，大力推进产业结构战略性调整，优化产业布局，加快构建以现代服务业为主、战略性新兴产业引领、先进制造业支撑的新型产业体系，不断提高产业核心竞争力，努力打造"上海服务"和"上海智造"	按照高端化、智能化、绿色化、服务化要求，促进产业融合发展，不断完善以现代服务业为主、战略性新兴产业引领、先进制造业支撑的新型产业体系，不断提升服务经济特别是实体经济发展的质量和水平，提升现代服务业能级水平；积极落实"中国制造2025"战略；改造提升传统优势制造业；加快发展新技术新产业新业态新模式；实现农业现代化
广州	以结构调整为主线，在发展中调整优化产业结构：积极完善中心城市大服务业体系，努力提升区域工业基地的功能，加速形成都市型农业，按照"三、二、一"方针整体引导产业转型升级，实现经济持续快速健康发展	按照"二产带动三产，三产促进二产"和"高增值、强辐射、大产业"的方针，推动工业向技术资金密集和集群化转型，服务业向现代经营方式和现代服务业转型，农业向都市农业转型；构建以高新技术产业为龙头，重化工业、装备工业和传统优势产业为主体，现代服务业为支撑，都市型农业相协调，与现代化大都市发展相适应的现代产业体系	大力推进产业高端化、集群化、融合化发展，全面实施品牌战略，加快建立以服务经济为主体、现代服务业为主导，现代服务业、战略性新兴产业与先进制造业有机融合、互动发展的现代产业体系。在继续做大做强核心产业的基础上，集中力量培育和发展一批产业基础好、成长空间大、引领广州产业高端发展方向的重大战略性主导产业，整体提升产业核心竞争力，增强发展后劲	把握新一轮科技革命和产业变革与我国加快转变产业发展方式历史性交汇的机遇，更加注重推进供给侧结构性改革，着力提升供给体系质量和效率，实施现代服务业与先进制造业双轮驱动战略，积极培育新业态和新商业模式，促进产业集群集约集聚发展，形成相互支撑、融合发展的高端高质高新现代产业新体系，建设全省乃至华南地区产业新高地

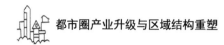

续表

城市	"十五"计划	"十一五"规划	"十二五"规划	"十三五"规划
深圳	以高新技术产业、现代物流业、现代金融业为支柱，以传统优势产业为基础，实现三次产业协调发展和全面升级。大力发展高新技术产业；加快培育现代物流业；着力发展现代金融业；努力培育新兴服务业；积极发展现代化农业	实施产业强市战略，按照"产业第一"和"优势优先、新兴培育"的原则……促进产业、人口、布局的联动调整。优化高新技术产业和先进制造业结构；加快发展现代服务业；发展都市农业和海洋产业以电子信息产业为主导，适度重型化制造业为重点，现代服务业为支撑，加快发展高新技术产业、现代金融业、现代物流业和现代文化产业四大支柱产业	坚持高技术产业和现代服务业"双轮驱动"，加快建设战略性新兴产业十二个基地，着力打造电子信息六个产业链，加快发展现代服务业，强化"高、新、软、优"产业特色，全面增强产业核心竞争力和国际竞争力	构建更具竞争力的现代产业体系。巩固提升战略性新兴产业支撑作用；加快发展未来产业；推进现代服务业高端化发展；推动优势传统产业转型升级

资料来源：根据各省市相关计划、规划文本整理

注：由于涉及内容较多和篇幅所限，本表只选取所涉及的主要内容

第二节　国内外研究现状及发展动态分析

本研究相关文献主要涉及以下几个方面：一是关于区域内部地区之间经济、空间关系的基础理论和文献研究；二是关于都市圈产业结构升级的特征和机理研究；三是关于都市圈中心城市对外围区域影响的研究；四是关于促进我国都市圈协调发展的政策研究。

一、关于区域内部地区之间经济、空间关系的基础理论和文献研究

1. 相关基础理论研究

关于区域内部地区之间经济、空间关系相关的基础理论包括中心地理论、

增长极理论、中心—外围理论、空间扩散理论、极化—涓滴效应学说、核心
—边缘理论、点轴发展理论（点轴理论）等。

1）中心地理论

中心地理论（central place theory）由德国地理学家克里斯塔勒于 1933 年
提出，该理论认为可以根据地区提供商品和服务范围进行等级划分，从而形
成具有规则分布的不同聚落。按商品等级排名，提供商品和服务的地区可被
分成七个等级，在严格的假设条件下推导出的理想聚落分布模式为六边形网
络。该理论的政策含义在于借助以职能为基础的城市空间分布促成地区之间
的商品交换和经济互动，从而实现区域协调发展。

2）增长极理论

增长极理论（growth pole theory）是法国经济学家弗郎索瓦·佩鲁（Francois
Perroux）于 20 世纪 50 年代提出的非均衡区域发展理论，该理论认为"增长
并非同时出现在所有地方，它以不同的强度首先出现在一些增长点或增长极
上，然后通过不同的渠道向外扩散，并对整个区域的经济产生不同的最终影
响"（安虎森，1997）。因此，在增长极理论的指导下，区域发展的实质便是
区域极化和扩散的过程，其政策含义在于区域发展可以优先促进具有区位和
资源禀赋优势的地区极化和扩散。

3）中心—外围理论

1949 年劳尔·普雷维什（Raúl Prebisch）在《拉丁美洲的经济发展及其主
要问题》的报告中，系统和完整地阐述了"中心—外围"理论。该理论认为
在传统的国际劳动分工下，世界经济被分成了"大的工业中心"和"为大的
工业中心生产粮食和原材料"的"外围"。在这种"中心—外围"的关系中，
地区之间的分工并不是互利的。

4）空间扩散理论

瑞典隆德大学教授 T.哈格斯特朗（T.Hagerstrand）于 1953 年发表的"*Spatial
Diffusion as an Innovation Process*"被认为是最早对扩散现象进行的研究。空间
扩散理论认为在创新者与其周围的空间里会产生"位势差"，为了消除这种差异，

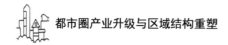

一种平衡力量就会促使创新者向外扩散和传播（刘德寰，2007）。

5）极化—涓滴效应学说

该学说由美国经济学家赫希曼（Hischman）于1958年在其代表作《经济发展战略》中提出，这一非均衡理论被认为是佩鲁增长极理论在城市地理单元的应用。该理论认为经济发展不会在所有地方同时出现，经济发展是不平衡的，一旦经济进步在某一地点出现，将使得增长集中于该点附近区域。在发展的前期阶段，经济中心的增长对落后地区主要产生"极化效应"。随着时间的推移，经济中心通过区域分工合作促进落后地区发展，从而形成"涓滴效应"。该经济理论的政策含义是，将有限的财力、物力和人力投向一个或几个地区中心，并通过发达地区向不发达地区的"涓滴"影响实现区域进步。

6）核心—边缘理论

该理论由J.R.弗里德曼（J.R.Frideman）于1966年提出。该理论认为发展是由基本创新群最终汇成大规模创新系统的不连续积累过程，完整的空间系统由核心区与外围区共同组成，核心区是具有较高创新变革能力的地域社会组织子系统，边缘区则是对核心区有依附关系的地域社会子系统。基于此，创新往往是从大城市向外围地区进行扩散，核心区在空间系统中居支配地位。

7）点轴发展理论（点轴理论）

该理论由波兰经济学家萨伦巴和马利士于20世纪70年代初期提出。点轴发展理论是增长极理论的延伸，该理论认为从区域经济发展的过程看，经济中心首先集中在少数条件较好的区位，呈点状分布。随着经济的发展，经济中心逐渐增加，点与点之间，由于生产要素交换所依赖的基础设施连接形成了若干轴线。轴线的形成吸引了人口和相关生产要素的流动和集聚，进而产生新的增长点，这一理论对现实区域经济发展中沿交通线路形成的经济区具有很强的解释力。

以上理论虽各有侧重，但均涉及区域发展的不平衡性，对资源的集聚能力决定了地区发展的相对地位，也影响了地区之间的互动模式，而地区之间存在的梯度发展差异是开展有效区域互动的基础。

2. 相关文献研究

通过对相关文献的梳理可知，虽然不同理论阐述问题的角度不同，但在两个方面的观点是基本一致的。首先，关于基本的区域结构，现实的经济区域是"极化"，而非"均质"区域，尽管近年来，城市与区域空间发展中的"多中心"（polycentricity）成为经济地理学领域研究的兴趣点，但有两个问题值得关注。一是这些"多中心"并不是绝对意义的平等，因此相对的"中心—外围"格局是存在的（Hall and Pain，2006；克劳兹·昆斯曼，2008）；二是现实中一些城市区域的"次中心"，在分散就业和居住等职能方面发挥着一定的作用，但还尚未形成完整的城市功能，因此不构成理论意义上的"多中心"（Gordon and Richardson，1996）。大都市区的空间扩张形成的结果之一就是更大范围的经济集聚，即都市圈的形成（Berry，2008）。吴晓隽等（2006）、于涛方等（2007）均分析了都市圈发展的这种极化特征。其次，区域内地区之间的分工合作是地区之间经济和空间联系的根本动因，是地区之间形成稳定互动往来关系的基础。一般认为区域分工存在垂直分工与水平分工两种模式，地区内部产业结构变化引起的地区之间产业分工与专业化变化，将最终导致区域分工格局，乃至经济和空间结构的演变。

城市在一个国家或地区中承担的政治、经济、文化等活动主要包括两部分：一是为自身提供服务；二是为城市以外的地区提供服务。随着产业结构的升级，城市职能也随之变化，必然与外围地区形成新的经济、空间互动。由于工业化开始较早，20世纪50年代以来，以纽约为代表的一批西方发达国家中心城市的产业结构不断高级化，制造业急剧衰落，以生产性服务业为代表的第三产业迅速崛起（林兰和曾刚，2003）。80年代，多数西方国家中心城市已经完成了由商品生产向以信息加工为主的服务业转型（Kasarda，1989）。随着我国城市化进程的不断加快，许多城市规模不断扩大，人口不断增加，城市在区域发展中的地位显著提升，特别是一批中心城市在区域的经济社会发展中起着越来越重要的作用（赵弘，2006）。在经济全球化和区域经济一体

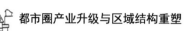

化的推进过程中，我国中心城市产业结构升级速度加快，区域分工也开始出现从传统的部门分工到部门内分工，再到产业链（价值链）分工的转变（于涛方等，2006；魏后凯，2007；张来春，2007；李廉水和周彩红，2007；张若雪，2009；李少星和顾朝林，2010），主要表现为中心城市逐渐将低端活动外包出去，成为研发和总部集聚的中心，而中小城市的制造功能越来越集中（朱彦刚等，2010）。这种产业结构升级引起的区域分工变化作用于区域经济、空间结构，使得区域职能结构、城镇等级结构、区域治理结构发生深刻变化。

二、关于都市圈产业结构升级的特征和机理研究

产业结构升级包括产业结构合理化和产业结构高级化。在对国外区域中心城市产业结构升级的研究中，学者普遍认为产业转型、产业结构多元化是实现和再造区域中心城市经济竞争力的有效策略（Hall，1996；Frost-Kumpf，1998）。产业结构升级可以是产业结构多元化、创新驱动下的产业结构高级化等（Roberts and Sykes，2000；Stead and Hoppenbrouwer，2004）。由于工业化和城镇化的推动，西方发达国家的区域中心城市产业升级步伐较快，多数城市在20世纪中期已经实现了以服务业为主导。产业升级是全球化背景下缓解城市压力，提升城市竞争力的必然选择（Crocombe et al.，1991），伴随着产业升级，产业链延伸，通过企业网络实现了中心城市和外围区域的紧密连接（Smith et al.，2014）。与工业化大生产不同的是，生产无形产品的服务业也可以成为支撑城市经济的主导产业（Coe，2014），Friedmann（1995）的研究认为全球化时代，区域中心城市可以被看作跨国公司在管理全球劳动配置与分工中的控制中心，由此将地方与全球经济整合起来。Sassen（2001）通过研究伦敦大都市圈，认为20世纪80年代以来，伦敦产业结构升级加速，体现在会计师、广告、法律和财政等服务业的高度集中。进一步地，Sassen（2015）认为中心城市的特殊性主要表现在高级

生产性服务业的集中，并将那些生产服务高度集中，服务于全球资本运行的战略性地区称为"全球城市"（global cities），在全球化和信息经济时代，产业升级意味着地区与地区之间等级秩序的重构。Thorns（2002）对纽约大都市圈的研究证明，随着"为生产者提供服务的发展趋向的出现"，作为中心城市的纽约在整个大都市圈中发挥着金融中心、劳动力中心、技术和其他要素流动中心的作用。区域中心城市具有其他中小城市无法比拟的人才、信息和生活便利等优势，因此成为企业总部的首选之地，推动城市产业结构的高级化（Shilton and Stanley，1999）。Davis 和 Henderson（2004）研究了美国企业总部的区位选择，发现区域中心城市大量多样化的商业服务的规模效应对总部区位有重要影响。

从国内看，在全国尺度上，沿海地区的产业升级、转移与中西部地区的产业承接能够保持劳动密集型产业的延续（蔡昉等，2009）。在区域尺度上，中心城市的产业升级、产业转移和疏解同样能够保证区域经济的可持续，魏后凯（2007）认为珠三角、长三角和京津冀等都市圈中心城市产业结构升级的直接表现为大都市中心区集中发展公司总部、研发、设计、营销、批发零售、技术服务等环节，而大都市郊区和其他大中城市侧重发展高新技术产业和先进制造业，周边其他城市和小城镇则专门发展一般制造业和零部件生产。不过，具体地区的产业升级特征将因产业结构和地域差异而有所不同，产业升级的路径不一定是线性，也可能出现分岔和断档（张其仔，2008）。随着产业细分，城市或地区之间的产业结构相似系数呈明显下降趋势（贺灿飞等，2008）。陈红霞（2012a）认为现阶段环渤海地区中心城市产业结构升级速度加快，但中心城市内部差异性较大，尤其表现在服务业发展的空间分布上。随着城市产业结构的变化，城市在区域中发挥的作用和承担的分工也发生变化（戚本超和周达，2006）。李学鑫等（2010）认为产业转型是实现城市经济转型最重要、最本质的内容。城市及其所在区域的产业结构优化与升级建立在区域分工协作的基础上，城市之间、区域之间的产业结构可以是一种彼此竞争的关系，但更是相互依赖和互为补充的联系（鄂冰和袁丽静，2012）。张亚

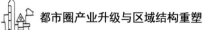

斌等（2006）认为"圈层"经济内部产业结构升级的直接原因是区域内部产业的合理转移、分工和技术扩散，且这一过程会通过产业在全国不同区域的合理布局，实现不同"圈层"经济间的产业结构协同升级，并最终达到提升整个国家产业结构的目标。

三、关于都市圈中心城市对外围区域影响的研究

通过经济发展、交通系统建设、物流发展、区域创新、对外开放等多个维度，都市圈中心城市对整个区域产生辐射作用（王佳宁等，2016），具体地，都市圈中心城市对外围区域的影响主要体现在经济和空间两个方面。中心城市因具备经济势能，对周边城市具有辐射和吸引作用，从而实现互利共赢，这是都市圈形成和发展的关键（杨勇等，2007）。同时，都市圈是城市化发展到一定阶段的产物，是区域城市化进程中城市系统组织的高级阶段，中心城市通过各项城市功能的发挥能够有效组织、带动和调控整个都市圈（张强和陈怀录，2010）。都市圈在本质上要求打破行政区的束缚，在城乡交融区域内实现经济社会的整合（原新和唐晓平，2006）。郝寿义和安虎森（2004）认为区域经济互相依赖、互相渗透及利益共享是区域发展和城市群发展的必然结果。王何和逄爱梅（2003）比较了京津唐、珠三角、长三角中心城市功能效应，认为中心城市是在都市圈形成和发展中处于"核心"或"首位"地位的城市；中心城市主要产生极化、扩散和创新三大功能效应，都市圈中心城市的集聚与扩散对都市圈的形成和发展十分重要（孙翠兰，2007）。不同的都市圈由于中心城市和所在地区所处的发展阶段不同，中心城市对外围地区的作用也表现各异。北京对环京地区的辐射模式以"空吸"效应为主，而上海对周边腹地则表现为"反哺"效应（朱虹等，2012）。现阶段，上海通过转移劳动密集型产业并专业化于资本技术密集型、港口型、都市信息型等极少数产业，浙江等地区在吸纳转移产业基础上加快了区域分工和专业化（范剑勇，2004）。从京津冀都市圈立体趋势面分析，北京和天津是京津冀都市圈

的两大极核，且空间极化趋势面随时间呈扩大趋势（马国霞等，2010）。Chen 和 Li（2011）研究了近十年来京津冀都市圈内区域中心城市与外围地区的经济联系，认为现阶段区域产业结构升级是整合该都市圈经济、空间资源的良好契机。金祥荣和赵雪娇（2016）对我国十大城市群的实证研究结果显示，中心城市发展对外围城市的经济增长呈现出正向溢出效应，中心城市对外围地区的影响会出现 U 形关系，此外，城市群内部结构的异质性也会带来不同的结果，双中心结构对外围城市的影响较单个城市更为显著。对于外围地区而言，距离区域性的大城市越近，越有利于城市经济增长，但省际行政边界的存在降低了区域性大城市对外省城市的吸纳效应，这也证实了省际市场分割的存在（许政等，2010）。

伴随着中心城市与外围区域的经济互动，都市圈发展经历了城市孤立发展、单中心城市群形成、多中心都市圈形成及成熟的大都市圈等阶段（富田和晓，1995）。在经济全球化中，都市圈能够有效促进城市之间的经济合作并提升区域整体竞争力（Morgan and Mareschal，1999），产业结构演进过程中形成的地域分工，会逐步推进大都市区多中心空间结构的形成（Scott，1982）。Camagni 和 Capello（2004）在企业组织结构、空间行为及其对区域多中心格局形成机理等方面的研究也揭示了类似的规律，即在新国际劳动分工驱动下的多区位企业的空间行为会推动多中心空间结构的形成，而且在中心之间存在明显的专业化分工。Hall 和 Pain（2006）通过分析企业"总部与分部之间的区位关系"，描述了大型先进生产服务公司的内部结构，进而反映欧洲典型城市区多中心之间的功能联系。Dye 和 McMullen（2007）对芝加哥大都市圈的案例研究证明，芝加哥大都市圈经历了惊人的地理扩张，中心城市高级城市职能的集中，以及零售和多家庭的单位住宅区的分散，使得芝加哥都市圈多中心的空间特征日趋明显。石崧（2005）、李健（2008）指出当前上海城市空间组织是由全球生产体系主导下的劳动空间分工所支配的，表现为中心城市集中发展服务业，郊区发展生产制造业，进而这种地域分工和专业化促成上海由单中心城市向多中心大都市区过渡。李少星和顾朝林（2010）的研究

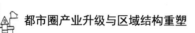

也指出中心城市对外围地区的经济影响推动了城市化空间格局的不断演变，并催生了全球城市体系、多中心城市区域、都市区等新的、复杂的城市化空间形态。

四、关于促进我国都市圈协调发展的政策研究

就目前中国沿海都市圈来看，其地域特征一般是以开放城市或经济特区为主体。沿海都市圈地处沿海地带，交通较方便，内外联系紧密，区域经济地理网络发育较好，是国内经济、技术革新的前沿（吴启焰，1999）。以珠三角、长三角、京津环渤海三大组团式城市群，九大城市带，50余个城市中心作为中国新型城市化的最佳载体（牛文元，2009）。在服务业成为中心城市主导产业的背景下，我国金融集聚最为显著的区域集中在长三角、京津冀和珠三角地区，上海、北京—天津、广州—深圳构成全国性金融集聚服务中心城市（茹乐峰等，2014），这种中心城市的结构重组也必然影响区域结构。

都市圈一体化的关键是城市之间实现以产业分工合作为基础的经济一体化（陈红霞和李国平，2009）。对于特定的都市圈，京津冀区域一体化正处于要素一体化阶段，面临着在区域范围内实现产业集聚、扩散、整合、链接及产业结构优化升级的紧迫任务（祝尔娟，2009）。中心城市和外围城市的良性互动将会实现中心和外围的共赢，实现人口、经济和生态关系的良性循环，要改变人口向首都过度聚集现象，就必须完善京津冀区域合作机制，提高周边城市的人口吸纳能力（吴群刚和杨开忠，2010）。戴宏伟等（2004）认为应利用北京产业升级带来的产业转移契机，优化京津冀都市圈中河北的产业结构。李国平等（2004）研究了以京津为中心的首都圈，从狭域、中域、广域的空间尺度提出以产业分工合作为基础的协调发展策略。杨开忠（2008）认为，京津冀经济之所以落后于长三角、珠三角，关键是因为其区域产业结构升级能力不够。张可云和张丽娜（2011）从环渤海地区经济一体化角度分析了

北京产业结构，认为产业结构升级和优化的关键在于提高各产业的竞争力并大力发展第三产业。完善京津冀都市圈合作机制，关键在于完善区域管理制度基础；京津冀都市圈企业主导型合作应克服地方利益矛盾，并用合理的政策促进地区间企业合作（张可云，2004）。张京祥等（2001）认为都市圈经济与空间作用是交互的，有效的空间组织能提升都市圈竞争力。不断强化和完善行政契约制度和磋商沟通机制，充分发挥其功能，是进一步推进长三角经济一体化的必然选择（叶必丰，2004）。有研究认为，珠三角不宜采用中心城市率先和重点发展的中心地模式、卫星城模式和点轴开发模式等，而适宜采用环珠状城市带模式，即强调带状发展（张为付和吴进红，2002）。陈睿和吕斌（2007）、樊杰（2005）、孙久文等（2008）、周立群（2007）分别对济南和京津冀都市圈提出发展的建议。经济发展水平不平衡、制度创新滞后等是区域经济一体化提升的主要障碍（周立群和夏良科，2010）。区域产业合理化组织与空间整合过程在我国具有较强的政府主导性（袁家冬等，2006），如何在政府与市场之间，寻求一种推动都市圈按照市场规律进行有序整合和合理分工的路径，同时避免出现市场失灵或政府调控失效导致的空间失控和产业布局混乱等问题，是今后研究的方向（方创琳和蔺雪芹，2008）。

进入 21 世纪，都市圈进入快速发展时期，在促进都市圈协调发展的政策研究方面，主要集中于以下几个方向：一是规划引领，制定和实施城市群发展战略与规划，引导整个城市群的发展（覃成林和周姣，2010）。以提高城市整体功能和城市间分工布局为目标，从城市群自身特点出发，制定合理的空间规划，引导城市群空间结构调整和优化（熊雪如和覃成林，2013）。二是体制机制建设，地方政府可以通过建立协会、联盟、秘书处等机构加强合作，建立城市管理部门协调联动机制，真正实现城市群内政府的高效合作。建立区域行政信息沟通平台，避免因信息缺乏而导致的产业同质化问题（赵艳妮，2017）。建立各种行业性的协调组织，互通信息，提供多方谈判机制，促进跨区域问题的解决（陈群元和喻定权，2011）。三是促进分工与合作，加强城市间经济联系与产业协作，实现大中小城镇产业经济协调发展，着重提高中小

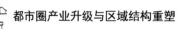

城市经济人口集聚能力，为城市人口与产业协调发展提供驱动力（朱江丽和李子联，2015）。推动城市群内产业对接与人口对接双向进行，形成区域间产业合理分布和上下游联动机制，在人口有序转移的过程中实现产业和劳动力的匹配（安锦和薛继亮，2015）。加快组建环境资源交易所，制定相关环境资源补偿办法和交易办法，完善市场交易机制（刘翔和曹裕，2011）。

第三节 研究内容与研究方法

一、研究内容

都市圈作为一种特殊类型的区域，其产业结构升级直接决定圈域内部地区之间相互作用而形成的经济分工格局和空间结构组合，对整个都市圈的发展起到至关重要的作用。本研究以京津冀、长三角和珠三角三大都市圈为实证研究对象，围绕都市圈产业结构升级及其区域影响这一核心内容展开（图 1-1）。一是基础理论研究，分别从基本概念界定和概念之间的关系着手，构建都市圈产业结构升级与区域结构演进的逻辑关系，并通过国内外典型大都市圈发展的现实分析，总结都市圈产业结构升级的一般规律。二是定量测度和比较分析三大都市圈产业结构升级及其区域结构影响：①产业结构升级与区域职能结构重塑，利用统计年鉴和普查资料中关于分行业就业人员及分职业从业人员的数据，借助指标模型和 GIS（地理信息系统）空间分析，总结三大都市圈产业结构升级过程特征，并分析由此形成的区域职能结构；②产业结构升级与城镇等级结构重塑，选取制造业、生产性服务业、文化创意产业作为代表性产业门类，通过概率累积分布等分析总结在产业结构升级过程中，以这些典型产业为载体的都市圈城镇等级结构演进；③产业结构升级与区域治理结构重塑，从区域分工协作的视角出发，分析区域治理结构演进与区域经济发展目标诉求之间的耦合关系，并由此论述未来都市圈治理结构发展趋势。

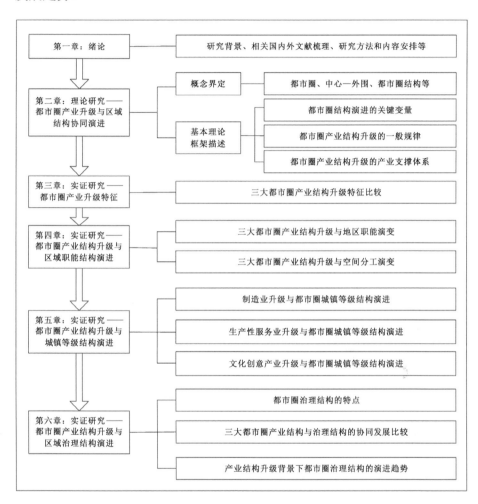

图 1-1 本书主体内容安排

二、研究方法

1. 基本研究方法

将文献研究和理论分析相结合、案例研究和规范分析相结合作为基本研

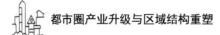

究方法。具体步骤包括：总结国内外前沿研究成果，并分析其在本研究中的适用性，确定基本理论框架；在对京津冀、长三角和珠三角都市圈调研和数据分析的基础上，应用指标模型对都市圈产业结构升级，以及由此带来的经济、空间影响进行案例比较研究，并在实证研究分析的基础上，提出促进都市圈产业结构升级、优化区域内部资源配置的政策措施。

2. 统计分析与空间分析方法的综合运用

本书综合运用统计分析与空间分析方法，具体包括根据各部分研究的重点有针对性地使用相应的分析方法，如针对各类统计年鉴和普查资料中可以获得的分行业从业人员等数据，结合多种指标模型测度京津冀、长三角、珠三角三大都市圈内部地区之间、产业之间、产业内部的分工发展变化。在产业结构升级与城镇等级结构演进的分析中，利用代表产业的从业人员数据测算城镇功能性，结合 ArcGIS 等软件进行空间分析，应用概率累积分布和 Moran's I 指数等指标模型衡量三大都市圈并由此刻画城镇在相互影响中的地位和作用，以及构成都市圈的城镇位序和都市圈城镇结构。

第四节　本　章　小　结

本章主要概述了本研究的选题背景与研究意义，并根据所研究的主要内容，梳理了国内外相关文献。主要涉及关于区域内部地区之间经济、空间关系的基础理论和文献研究；关于都市圈产业结构升级的特征和机理研究；关于都市圈中心城市对外围区域影响的研究；关于促进我国都市圈协调发展的政策研究四个方面的研究成果。在此基础上，确定了本研究的切入点、基本研究内容和研究方法。

第二章

概念界定与理论框架

尽管都市圈是现在理论研究和实践探索的热点，但如"都市圈"和"中心—外围"等概念在学术界尚存在一定争论。本章试图在文献分析的基础上进行核心概念的界定，描述概念之间的关系，构建基本的理论框架。

第一节　基本概念及研究范围界定

一、都市圈

都市圈在不同的文献中也经常被称为城市群、都市连绵区、城镇密集区、都市区、通勤圈、都市广域联系圈、大都市带等（表 2-1），特定的概念产生于特定的社会经济发展时期，并与具体的社会经济背景条件相对应（张从果和杨永春，2007）。最初的都市圈概念强调三个方面：一是确定的空间范围；

二是中心—外围的组织结构；三是中心—外围的经济社会行为互动。法国地理学家戈特曼提出的城镇群体空间发展理论"megalopolis"（大都市带），基于实例的分析强调都市圈的集聚性、人口规模和密度，并认为大都市带应以2500万人口规模和每平方公里250人的人口密度为下线。自戈特曼之后，国内外相关研究逐渐增多，如日本学者提出了都市圈的概念，我国学者周一星等提出了都市连绵区的概念，众多学者从不同角度对这一特殊圈域进行了诠释（表2-1）。

表2-1　相关概念比较

相关研究	概念	含义或界定标准	代表性文献或使用范围
国外研究	大都市统计区（MSA）	每一个MSA必须至少包括一个5万人以上的中心城市或者包括一个至少5万人的城市化地区，都市区的总人口至少10万人。由中心县（central county）和外围县（outlying county）组成	美国1910年提出标准大都市区（SMA），后改称标准大都市统计区（SMSA），以后又改称大都市统计区（MSA）
	大都市带（megalopolis）	以2500万人口规模和每平方公里250人的人口密度为下线 具体标准为，区域内有比较密集的城市；有相当多的大城市形成各自的都市区，核心城市与都市区外围有密切的社会经济联系；有联系方便的交通走廊将核心城市连接起来，各都市之间没有隔阂，且联系密切；必须达到相当大的规模，人口在2500万人以上；属于国家的核心区域，具有国际交往的枢纽作用	Gottmann（1957）
	城市场（urbanfield）	由社会地域子系统、人口空间配置及自然环境构成的三维系统	Friedmann 和 Miller（1965）
	通勤圈（commuter circle）	指中心城市外围到该城市通勤率超过最低阈值的地域圈	川口太郎（1985）、成田孝三（1995）
	城乡混合体（desakota）	通过劳动力人口密度、耕作方式、劳动力价格、距离大城市距离、交通基础设施等方面的特征进行描述界定	McGee（1991）
	大城市地区（major urban region）	取代美国的大都市统计区概念	Yeates（1980）

相关研究	概念	含义或界定标准	代表性文献或使用范围
国内研究	城市群（urban agglomeration）	在特定的地域范围内具有相当数量的不同性质、类型和等级规模的城市，在一定的自然环境条件下，以一个或两个超大或特大城市作为地区经济中心，共同构成的一个相对完整的城市"集合体"	姚士谋和许学强（1992）
	城镇密集区（city-and-town concentrated area）	两个或两个以上 30 万人口以上的中心城市及与中心城市相连的连片城市化地区	孙一飞（1995）
	城市经济区（urban economic region）	以大中城市为核心，与其紧密相连的广大地区共同组成的经济上紧密联系、生产上互相协作、在社会地域分工中形成的城市地域综合体	顾朝林（1991）
	都市连绵区（metropolitan interlocking region）	以都市区为基本组成单元，以若干大城市为核心，并与周围地区保持强烈交互作用和密切社会经济联系，沿一条或多条交通走廊分布的巨型城乡一体化地区	周一星（1986）

资料来源：根据张从果和杨永春（2007）及其他相关文献整理

都市圈是城市区域化发展到成熟阶段的最高空间组织形式，尽管都市圈一直作为一种规划中的地域空间发展模式，但实质意义上的都市圈应该保证基本的社会经济联系，即内部的一致性。都市圈一般是指跨越都市界限而和都市在景观上连为一体或在职能上具有紧密联系的区域。在地理学上一般将具有以下特征之一的区域看成是都市圈：第一，在景观上和都市连为一体的城市化区域（城市建成区域）；第二，在通勤等日常生活方面和都市联系紧密的区域；第三，从经济活动、流入人口等方面和都市关系密切的区域（都市影响圈）（富田和晓，2002）。

一般认为都市圈的概念起源于"三地带"学说（Dickinson，1947），该学说将城市结构分为中央地带、中间地带和外缘地带三个部分，其中，中央地带位于城市中心，中间地带位于中央地带外侧，外缘地带是伴随近代铁路和汽车运输发展起来的地带。而后日本学者木内信藏（1951）将这一学说应用于日本城市的圈层开发，发展了"都市圈"的理论，就东京而言，存在东京、东京市、东京都、东京都市圈等多个名词，其所辖的空间范围在行政边界、人口规模、人口密度、经济结构等方面存在很大差异。追溯都市圈理论的渊源，主要包括城市地域结构理论和城镇体系理论两个方面（表 2-2），其中，城市地域结构理论强调城市的极化性和区域性。一方面，城市并不是同质区，城市内部存在中心和外围的发展程度差异；另一方面，城市发展离不开所在区域，内生的经济社会空间关联使得中心和外围能够整合为一体。这方面的研究主要包括同心圆理论、扇形理论、多核心学说和三地带学说等。城镇体系方面的研究始于 20 世纪二三十年代，主要强调区域发展的互动性和相互关联性，包括从区域发展的角度，探讨城镇发展的空间集聚及空间扩散过程与模式，城镇之间相互作用的条件与模式，城镇规模的扩大和城镇等级规模的形成及其空间分布等一般规律，主要有空间相互作用理论、空间扩散理论、中心地理论、增长极理论、点轴发展理论及弗里德曼的核心—边缘理论（核心—外围理论）等（许学强等，1997）。

表 2-2　都市圈的理论溯源

项目	理论	核心内容	提出者或代表性文献
城市地域结构理论	同心圆理论（concentric zone theory）	城市地域结构主要呈同心圆带状分布，从城市中心向外缘顺序产生五个不同职能的圈层，分别为中心商业区、过渡地带、工人居住带、良好居住带、通勤带	由美国社会学家 E.W.伯吉斯（E.W.Burgess）于 20 世纪 20 年代提出
	扇形理论（sector model）	城市居住区有向外延伸的趋势，如处于外圈的高级住宅区往往位于高地，接近自然环境的地区，沿公路或河流向内延伸到市中心。低级住宅区也可向外扩展到城郊。其结果破坏了同心圆结构，形成了不同等级居住区的扇形分布	霍伊特（Hoyt，1939）
	多核心学说（multiple nuclei model）	城市常存在两个以上的市中心，或者在一个市中心以外还有几个副中心，共同促进城市体发展	由 C.D.哈里斯（C.D.Harris）和 E.L.乌尔曼（E.L.Ullman）于 1945 年提出
	三地带学说	城市结构分为中央地带、中间地带和外缘地带三个部分，其中，中央地带位于城市中心，中间地带位于中央地带外侧，外缘地带是伴随近代铁路和汽车运输发展起来的地带	由 R.E.狄肯森（R.E.Dickinson）于 1947 年提出

续表

项目	理论	核心内容	提出者或代表性文献
城镇体系理论	空间相互作用理论	区域之间所发生的商品、人口与劳动力、资金、技术、信息等的相互传输过程。它对区域之间经济关系的建立和变化有着很大的影响。区域之间发生相互作用依赖的基本条件包括区域之间的互补性；区域之间的可达性；干扰机会	美国地理学家E.L.乌尔曼（E. L. Ullman）于1956年提出
	空间扩散理论（spatial diffusion theory）	源于技术空间扩散理论，技术的采用是通过"学习"或"交流"来实现的，所以说在技术扩散的过程中，最重要的是信息的"有效流动"，而影响信息流动的最主要阻力因素就是空间距离	由地理学家海格斯坦（Hagerstrand，1953）提出
	中心地理论（central place theory）	任何企业的产品都有销售范围，并至少占有一定范围的市场区，即产品的最大销售边界（刘秀丽和潘华，1995），依此可将城镇划分不同的等级	由德国城市地理学家W.克里斯塔勒（W.Christaller）和德国经济学家A.廖士（A.Lösch）分别于1933年和1940年提出
	增长极理论（growth pole theory）	增长并非同时出现在所有地方，它以不同的强度首先出现在一些增长点或增长极上，然后通过不同的渠道向外扩散，并对整个区域的经济产生不同的最终影响（安虎森，1997）	由法国经济学家弗郎索瓦·佩鲁于20世纪50年代提出
	点轴发展理论	从区域经济发展的过程看，经济资源趋向于少数条件较好的区位，呈点状分布，随着经济的发展，交通基础设施的改善，经济增长点逐渐增加，点与点之间，形成若干轴线，最终形成完整的点轴系统	由波兰经济学家萨伦巴和马利士提出
	核心—边缘理论（核心—外围理论）	核心区是具有较高创新变革能力的地域系统，外围区则是根据与核心区所处的依附关系，而由核心区决定的地域社会子系统。核心区与外围区共同组成完整的空间系统，其中核心区在空间系统中居支配地位	约翰·弗里德曼（John Friedmann）于1966年提出

资料来源：根据相关文献整理

至今，学术界就大都市圈空间结构变化的一般模式尚未形成共识，但具有较大影响的大都市圈空间结构变化模式有Hall（1966）的大都市圈变化模式，以及富田和晓（1988）的离心扩大模式等。国内有石忆邵（1999a，1999b，2001）、石忆邵和章仁彪（2001）的大都市由单中心城市到多中心城市，从多中心城市到都市经济圈的空间组织模式。城市职能分化与空间扩展或蔓延一向是国内外理论与管理界研究和关注的焦点。我国尚处于城镇化快速发展阶段，除部分学者开始研究我国一些大城市的郊区化外，几乎都关注于城市化及其发展模式、城市空间发展形态如城市连绵带的讨论（周一星，1996；姚士谋和侯晓虹，1994）。与此同时，关于城市经济区及城市影响地域即都市圈的研究也有一定进展（顾朝林，

1992；国家计委经济研究所课题组，1996；高汝熹和罗明义，1998）。

就都市圈所涉及的空间维度而言（图 2-1），都市圈是多个城市的集合。其中，城市由城市核心区、内缘区、外缘区、影响区构成，城市之间在影响区范围内相互作用，经济、社会、空间、环境等方面的互动使得城市集合成为密不可分的城市群体。通过以上理论和概念梳理，本研究认为，都市圈是一种特殊的极化区域，是基于城市之间功能互补性，形成的经济互动和相互关联并由此构建的一体化区域。这一区域具有以下特征：空间连片、经济一体和治理协同。由于都市圈的概念本身存在较多争议，既定已识别的都市圈主要考虑参考"十三五"规划和《国家新型城镇化规划（2014-2020 年）》（表 2-3）。在本研究研究对象选择方面，拟采用京津冀、长三角和珠三角都市圈作为研究对象。一直以来，京津冀、长三角和珠三角三大都市圈是我国人口和经济活动最为集中的区域，根据《京津冀协同发展规划纲要》（2015 年）、《长江三角洲城市群发展规划》（2016 年）及《珠江三角洲地区改革发展规划纲要（2008-2020 年）》，京津冀主要包括北京、天津和河北。长三角都市圈包括上海，江苏南京、无锡、常州、苏州、南通、盐城、扬州、镇江、泰州，浙江杭州、宁波、嘉兴、湖州、绍兴、金华、舟山、台州，安徽合肥、芜湖、马鞍山、铜陵、安庆、滁州、池州、宣城。珠三角都市圈包括广州、深圳、珠海、佛山、东莞、肇庆、惠州、江门、中山九市。

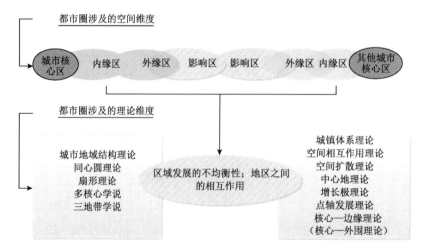

图 2-1　都市圈概念涉及的基本维度

表 2-3　我国目前都市圈一览表

名称或区域	认定标准	都市圈规划情况
京津冀	"十三五"规划和《国家新型城镇化规划（2014-2020 年）》	《京津冀协同发展规划纲要》
长江三角洲	"十三五"规划和《国家新型城镇化规划（2014-2020 年）》	《长江三角洲城市群发展规划》
珠江三角洲	"十三五"规划和《国家新型城镇化规划（2014-2020 年）》	《珠江三角洲地区改革发展规划纲要（2008-2020 年）》
成渝地区	"十三五"规划和《国家新型城镇化规划（2014-2020 年）》	《成渝城市群发展规划》
山东半岛	"十三五"规划	《山东半岛城市群发展规划（2016-2030 年）》
哈长	《国家新型城镇化规划（2014-2020 年）》和"十三五"规划（东北地区城市群）	《哈长城市群发展规划》
长江中游	"十三五"规划和《国家新型城镇化规划（2014-2020 年）》	《长江中游城市群发展规划》
中原地区	"十三五"规划和《国家新型城镇化规划（2014-2020 年）》	《中原城市群发展规划》
黔中	"十三五"规划	《黔中城市群发展规划》
海峡西岸	"十三五"规划	《海峡西岸城市群发展规划（2008-2020 年）》
天山北坡	"十三五"规划	《天山北坡经济带发展规划》
北部湾	"十三五"规划	《北部湾城市群发展规划》
呼包鄂榆	"十三五"规划	《呼包鄂协同发展规划纲要（2016-2020 年）》
滇中	"十三五"规划	《滇中城市群发展规划（2016-2049 年）》
关中平原	"十三五"规划	《关中平原城市群发展规划》
兰州—西宁	"十三五"规划	《兰州—西宁城市群发展规划》
辽中南	"十三五"规划（东北地区城市群）	—
山西中部	"十三五"规划	—
宁夏沿黄	"十三五"规划	—
西藏、新疆地区	"十三五"规划	—

注：根据相关规划整理。其中，哈长和辽中南均属于东北地区城市群的一部分，西藏、新疆地区（都市圈）在"十三五"规划中的表述为以拉萨为中心、以喀什为中心的城市圈

二、中心—外围

中心是地理学的一个重要概念，几何意义上的"中心"使得这一点到任意边界的距离相等，赋予了这一点独特的区位优势。德国经济地理学家克里斯塔勒提出的中心地和中心性的概念，将"中心"的空间和经济含义结合起来。在"中心地理论"中，中心地是指为自己及以外地区提供商品和服务等中心职能的居民点，中心性是指中心地为其以外地区服务的相对重要性，是衡量中心地等级高低的指标（Christaller，1966）。在区域发展中，中心城市是一个相对概念，无论是从原始的资源禀赋出发，还是从现实的经济社会发展看，劳动力、资本等要素的流动和集聚都是非均质的，因此，区域呈现出若干"中心"与"外围"。中心城市是相对于经济区和城镇体系而言的，是指在经济上有着重要地位，在政治和文化生活中起着关键作用的城市；从区域的角度看，中心城市是经济区域中经济发达、功能完善、能够渗透和带动周边区域经济发展的行政社会组织和经济组织的统一体（国家计委国土开发与地区经济研究所课题组，2002）。都市圈中心城市则是在都市圈的形成和发展中处于"核心"或"首位"地位的城市，这种中心职能主要体现在行政中心职能、经济中心职能、创新中心职能三个方面。中心城市不仅在关键发展总量上处于都市圈内各城市首位，在空间地域上处于都市圈相对较为独特的区位，而且中心城市更是都市圈的经济增长中心、资源配置和调控中心、创新中心及圈域行政调节中心（王何和逄爱梅，2003）。

1. 中心城市

1）行政中心职能

都市圈中心城市城市职能的多样性除了体现在区域经济和创新活动中的引领和带动作用外，还体现在行政调节方面，行政调节能力的强弱也是区分都市圈中心城市等级，甚至都市圈等级的重要标志。行政调节中心职能的含义可概括为，对都市圈内的经济运行具有总体规划、组织、指导、监督和调节的作用。这一类城市中较为特殊的是首都圈中心城市——首都，在戈特曼界定的六大都市圈中，除以芝加哥为中心的北美五大湖城市群和以上海为中心的中国长江三角洲城市群外，其他四个都市圈中的中心城市均有所在国家的首都。

2）经济中心职能

都市圈是具有内在一致性，内部具有紧密的分工合作，进而通过经济联系构筑的一体化区域，因此，经济中心是中心城市重要的职能之一，是中心城市实现对外辐射和带动作用的载体。中心城市聚集了一定地域范围内的各种生产要素资源和相应的经济活动，成为社会生活和生产力布局的中心与枢纽，具有高度的聚集性、开放性和枢纽性等特征，这些特征所产生的巨大的经济场影响并辐射周边地区，最终导致城市圈域经济社会的整体进步（赵伟，2005）。一般认为，城市职能分为基本职能和非基本职能两个方面，基本职能主要指为本市以外地区提供服务的活动，这部分职能是开放经济条件下城市赖以生存和维系的基础。都市圈中心城市的对外影响功能主要通过基本职能实现，其经济中心职能主要表现在，是一定区域内生产、消费和交换等经济行为较为集中，并对外围经济发展产生较强影响的地区。具体表现在以下两个方面：

一是都市圈经济重心，即经济总量及所占比重较高。1995~2015年京津冀、长三角、珠三角三大都市圈中心城市 GDP（国内生产总值）占都市圈比重来看（表2-4），2015年北京和天津 GDP 超过京津冀都市圈总量的 50%，长三角都市圈的上海一市的比重达到了 18.5%，同时，广州、深圳两市的 GDP 占所在珠三角都市圈的 57.2%。可见，都市圈中心城市是区域经济的重心，对决定都市圈经济竞争力具有举足轻重的作用。

表2-4　1995年、2005年、2015年京津冀、长三角、珠三角三大都市圈
中心城市GDP占都市圈比重　　　　（单位：%）

都市圈	中心城市	1995年	2005年	2015年
京津冀	北京	27.0	33.0	32.9
	天津	17.8	17.7	23.6
长三角	上海	—	23.5	18.5
珠三角	广州	31.1	28.3	29.1
	深圳	19.9	27.1	28.1

资料来源：根据1996~2016年《中国城市统计年鉴》数据计算得出

注：1995年长三角都市圈的池州、宣城两地级市尚未设立

二是都市圈经济发展的控制中心。这种控制力主要体现在对区域经济活动的影响和作用，其中经济辐射力是构成城市控制和影响能力的最具有活力的部分（Krugman，1996）。近年来，伴随着经济全球化和区域经济一体化，在欧美等经济发达国家的部分城市，由于政策环境和基础设施条件非常优越，通信、交通、金融、物流等生产性服务业高度发达，都市圈中心城市成为一大批跨国公司总部的首选区位，如纽约、伦敦、东京等先后成为世界经济网络的重要节点，并通过跨国公司总部控制全球经济网络。这种由总部经济在地理空间上的集聚形成的新型经济业态，即"总部经济"，成为全球化、信息化时代一个城市经济发展的重要推动力，这种经济控制力是城市成长为世界城市的重要标志。

3）创新中心职能

都市圈中心城市的经济、社会、文化优势十分明显，高素质的人才和具有一定技能的劳动力，以及优质的生产资源更倾向于向中心城市流动和聚集，基于此，中心城市常常成为新产品研究、开发的创新中心。21世纪以来，科学技术成为推动经济和社会发展的主要力量，建立在科学技术基础上的创新成为一个城市发展的不竭动力，也是推动城市发展的力量源泉。综观世界范围内的都市圈中心城市发展，在经济创新方面的具体表现有所分异，以英国伦敦为典型代表的世界创新中心，其城市偏重于文化产业的创新发展，在设计领域，拥有世界一流的教育和设计机构，被称为"世界创意之都"。

全球创新数据机构2thinknow利用创新城市指数对全球500个城市进行分析、评估和排名，该指数包括文化资产、人力基础设施和网络化市场三个领

域的 162 个指标。最新发布的 2016~2017 年城市创新指数，位居伦敦都市圈中心城市的英国伦敦成为全球最具创新力的城市，美国纽约和日本东京紧随其后，分别排在第二、第三位。可以看到，位居前 25 位的其他城市也多是所属都市圈的中心（表 2-5）。

表 2-5　全球创新城市排名前 25 位一览表

名次	城市	国家或地区	所属都市圈
1	伦敦	英国	伦敦都市圈
2	纽约	美国	"波士华"城市群
3	东京	日本	东京都市圈
4	旧金山—圣何塞	美国	旧金山湾区
5	波士顿	美国	"波士华"城市群
6	洛杉矶	美国	圣地亚哥—旧金山城市群
7	新加坡	新加坡	
8	多伦多	加拿大	大多伦多地区
9	巴黎	法国	欧洲西北部城市群
10	维也纳	奥地利	维也纳—布达佩斯城市群
11	首尔	韩国	首尔都市圈
12	阿姆斯特丹	荷兰	欧洲西北部城市群
13	巴塞罗那	西班牙	巴塞罗那都市圈
14	悉尼	澳大利亚	悉尼城市群（悉尼都市圈）
15	慕尼黑	德国	大慕尼黑都市圈
16	达拉斯—沃思堡	美国	达拉斯—沃斯堡大都会区
17	柏林	德国	柏林—勃兰登堡都市区
18	亚特兰大	美国	夏兰大城市群
19	蒙特利尔	加拿大	北美五大湖城市群
20	芝加哥	美国	北美五大湖城市群
21	西雅图	美国	西雅图城市群
22	休斯敦	美国	达拉斯—休斯敦城市群
23	马德里	西班牙	马德里都市圈
24	温哥华	加拿大	大温哥华区城市群
25	墨尔本	澳大利亚	墨尔本都市圈

资料来源：根据 https://www.innovation-cities.com/innovation-cities-index-2016-2017-global/9774[2018-03-01] 整理

注：一些都市圈尚未发育成熟或都市圈的空间范围界定尚不清晰，因此，所属都市圈一栏信息反映的是各大城市的大致情况

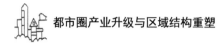

我国于 20 世纪 80 年代在经济体制改革中提出发挥中心城市的作用（马洪，1986），并曾在 80 年代初，将上海等 19 个城市确定为我国的中心城市。中心城市是全国或区域意义上的政治、经济和文化中心，其中经济中心的功能又是最重要的（宁越敏和严重敏，1993）。中心城市由于在区域分工中所处地位不同，亦有轻重之分，在我国目前的城镇体系发展中，《全国城镇体系规划纲要（2005-2020 年）》提出建设和发展全球职能城市、国家中心城市。其中，五大全球职能城市是指具有重要战略地位，在发展外向型经济及推动国际文化交流方面具有重要作用，这类城市有可能发展成为亚洲乃至世界的金融、贸易、文化、管理的中心城市，具体包括环渤海地区的北京和天津、华东地区的上海、华南地区的广州及香港。国家中心城市是处于城镇体系中最高位置的城市，在全国具备引领、辐射、集散功能，主要表现在政治、经济、文化、对外交流等多方面。截至 2018 年 2 月共提出建设九座国家级中心城市，分别是北京、天津、上海、广州、重庆、成都、武汉、郑州和西安。

2. 外围地区

与中心城市相对应的是外围地区，都市圈外围是相对于中心城市的腹地，是中心城市实现区域职能的重要对象，通过经济社会活动的往来互动，进而形成以中心城市为中心的"中心—外围"格局，我国主要都市圈的中心、外围结构如表 2-6 所示。中心、外围的地位并不是一成不变的，"外围"的转变一般存在两种形式，一是随着交通区位优势的改变，原有的优势城市或地区可能衰落，成为外围地区，而最初的外围地区，也可能实现跨越式发展成为区域中心。二是随着全球化经济发展，新的国际劳动分工的出现促使城市的相对格局产生变化，改变了既有的中心—外围格局：首先，在新兴工业化地区出现了新的世界城市，如香港、新加坡等；其次，在发达国家，随着经济重心的转移，出现了如法兰克福、苏黎世、洛杉矶、旧金山等新兴世界城市，莱因—鲁尔、兰斯塔德等城市群区域有所衰落（宁越敏，1991）。

表2-6 我国都市圈的中心—外围格局

名称	中心城市	所辖范围
京津冀	北京 天津	①北京 ②天津 ③张家口、承德、唐山、秦皇岛、廊坊、保定、石家庄、沧州、衡水、邯郸、邢台
长三角	上海	①上海 ②江苏南京、无锡、常州、苏州、南通、盐城、扬州、镇江、泰州 ③浙江杭州、宁波、嘉兴、湖州、绍兴、金华、舟山、台州 ④安徽合肥、芜湖、马鞍山、铜陵、安庆、滁州、池州、宣城
珠三角 （狭义）	广州 深圳	广州、深圳、珠海、佛山、江门、东莞、中山、惠州、肇庆
成渝地区	重庆 成都	①重庆（渝中、万州、黔江、涪陵、大渡口、江北、沙坪坝、九龙坡、南岸、北碚、綦江、大足、渝北、巴南、长寿、江津、合川、永川、南川、潼南、铜梁、荣昌、璧山、梁平、丰都、垫江、忠县27个区（县）及开县、云阳的部分地区） ②四川成都、自贡、泸州、德阳、绵阳（除北川、平武）、遂宁、内江、乐山、南充、眉山、宜宾、广安、达州（除万源）、雅安（除天全、宝兴）、资阳
山东半岛	青岛 济南	山东济南、青岛、临沂、烟台、潍坊、淄博、济宁、枣庄、威海、德州、日照、东营、菏泽、滨州、泰安、聊城、莱芜
哈长	哈尔滨 长春	①黑龙江哈尔滨、大庆、齐齐哈尔、绥化、牡丹江 ②吉林长春、吉林、四平、辽源、松原、延边
长江中游	武汉 长沙 南昌	①湖北武汉、黄石、鄂州、黄冈、孝感、咸宁、仙桃、潜江、天门、襄阳、宜昌、荆州、荆门 ②湖南长沙、株洲、湘潭、岳阳、益阳、常德、衡阳、娄底 ③江西南昌、九市、景德镇、鹰潭、新余、宜春、萍乡、上饶、抚州、吉安部分县（区）
中原地区	郑州	①河南郑州、开封、洛阳、平顶山、新乡、焦作、许昌、漯河、济源、鹤壁、商丘、周口 ②山西晋城 ③安徽亳州
黔中	贵阳	贵阳、贵安新区，遵义（红花岗、汇川、播州、绥阳、仁怀），安顺（西秀、平坝、普定、镇宁），毕节（七星关、大方、黔西、金沙、织金），黔东南州（凯里、麻江），黔南州（都匀、福泉、贵定、瓮安、长顺、龙里、惠水）
海峡西岸	福州 厦门	福州、厦门、泉州、漳州、莆田、宁德、南平、三明、龙岩
天山北坡	乌鲁木齐	博尔塔拉蒙古自治州、伊犁哈萨克自治州、克拉玛依、昌吉回族州、乌鲁木齐、吐鲁番、哈密
北部湾	南宁海口 湛江	①广西南宁、北海、钦州、防城港、玉林、崇左 ②广东湛江、茂名、阳江 ③海南海口、儋州、东方、澄迈、临高、昌江

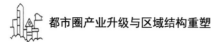
续表

名称	中心城市	所辖范围
呼包鄂榆	呼和浩特 包头 鄂尔多斯	呼和浩特、包头、鄂尔多斯、乌兰察布、巴彦淖尔、乌海、阿拉善盟
滇中	昆明	昆明、曲靖、玉溪和楚雄州全境及红河州北部蒙自、个旧、建水、开远、弥勒、泸西、石屏七个县（市）
关中平原	西安	西安、宝鸡、咸阳、渭南、铜川
辽中南	沈阳 大连	沈阳、大连、鞍山、抚顺、本溪、丹东、辽阳、营口、盘锦等城市
晋中	太原	太原、晋中
兰州-西宁	兰州 西宁	兰州、西宁、白银、定西等城市
宁夏沿黄	银川	银川、石嘴山、吴忠、中卫、平罗、青铜峡、灵武、贺兰、永宁、中宁等宁夏沿黄河分布的城市

资料来源：主要参考《全国城镇体系规划纲要（2005-2020年）》，各区域已形成的规划等文件。另外，由于一些都市圈、经济带、城市群等规划尚未发布，空间范围界定尚不清晰，因此，中心和所辖区域信息反映的是各都市圈的大致情况

注：中原地区城市群联动辐射河南安阳、濮阳、三门峡、南阳、信阳、驻马店、河北邯郸、邢台、山西长治、运城、安徽宿州、阜阳、淮北、蚌埠、山东聊城、菏泽等中原经济区其他城市。天山北坡城市群东起哈密，西至伊宁

三、都市圈结构

都市圈结构是指在都市圈系统中，各构成要素之间的数量比例和排列组合模式、相互作用方式等，以及由此形成的互相关联、相互作用的组织关系。从都市圈的构成要素——城镇的角度看，城镇的规模、职能是城镇体系的主要侧面和研究的出发点（许学强，1982），除此之外，由于都市圈不同于独立行政单元，其治理方面具有特殊性，本研究认为，在都市圈系统中，至少有三种结构关系是进行都市圈分析的切入点，分别是区域职能结构、城镇等级结构和区域治理结构。

1. 区域职能结构

都市圈职能结构的概念与区域的组成单位——城镇的职能，以及城镇体系的职能结构密切相关。城市职能（urban function）是指城市在一定地域内的经济、社会发展中所发挥的作用和承担的分工，是城市对城市本身以外的区域在经济、政治、文化等方面所起的作用。产业是城市职能的载体，也是衡量城市职能的基本指标。1988 年，我国学者周一星等在进行第一次全国性工业职能分类时提出了"城市职能三要素"的概念，即一个完整的城市职能概念应包括专业化部门、职能强度和职能规模三个要素（周一星和布雷特肖，1988），进而在后续研究中，对中国城市市区的工业职能进行了分类（田文祝和周一星，1991）。实证研究发现，各规模等级城市具有工业、矿业职能的比例均有下降的趋势，而具有其他第三产业、行政和商业职能的城市比例则明显上升，第三产业正在替代工业成为促进中国城市增长的主要职能和动力（许锋和周一星，2008）。

　　都市圈职能结构即由区域内部各组成城市和地区职能构成的职能系统，是区域内各成员城市在城际联系中所扮演的角色，反映城市之间的分工协作关系和地域专业化程度（刘海滨和刘振灵，2009）。产业升级背景下都市圈职能结构的演进主要表现为两种模式：一是中心带动外围的模式；二是中心—外围联动模式。在第一种模式中，都市圈产业结构升级率先发生于中心城市，中心城市通过技术更新改造及冗余产业疏解等完成产业升级，而在产业转移的过程中，外围地区通过承接新产业实现技术改进和升级，以及城市职能调整，导致新型的区域分工合作形成新的都市圈职能结构。第二种模式是中心—外围联动模式，在这种模式中，都市圈中心城市与外围地区几乎同时进行产业结构升级，这也是地区经济发展的内在规律，使都市圈职能结构呈现动态的平衡稳定。随着对城市和区域经济发展规律认识的深入，都市圈内各地区在制定地区发展规划时，越来越重视地区在区域发展中的角色定位和作用，并已经在如"十二五"规划、"十三五"规划等文件中体现出来，因此，地区产业结构调整目标往往是在充分考虑区域整体发展目标后选择的结果。在这样的背景下，都市圈产业结构升级与中心—外围在新的分工合作基础上形成的职能结构演进形成了

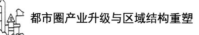

良性互动。

2. 城镇等级结构

城镇等级规模结构是城镇体系内层次不同、大小不等规模的城镇在质和量方面的组合形式（顾朝林，1990）。人口是衡量城市规模的基本指标，已有研究涉及全国城镇体系规模结构和区域城镇体系规模结构两个方面。中华人民共和国成立以来至 20 世纪 80 年代初，我国城镇体系规模结构整体呈现小城市的比重下降—上升—下降，相反，大中城市的比重经历了上升—下降—上升的发展趋势（许学强，1982）。以人口为指标的城镇等级规模结构能够反映城市规模的大小，但无法反映城镇功能及由此形成的地区之间的等级关系。

克里斯塔勒的中心地理论从商业地理角度，分析了地区由于商业活动规模和服务能力大小形成的规模等级性问题，在中心地模型中，中心地因提供差异化的商品和服务能力不同而存在高低等级之分。克里斯塔勒的中心地结构具有以下特点：一是中心地的等级由中心地所提供商品和服务的级别所决定；二是中心地的等级决定了中心地的数量、分布和服务范围；三是中心地的服务范围与等级高低成正比，数量和分布则与中心地的等级高低成反比；四是一定等级的中心地不仅提供相应级别的商品和服务，还提供所有低于这一级别的商品和服务；五是中心地的等级性表现在每个高等级中心地都附属几个低等级中心地，形成等级层次严密的中心地体系。基于此，单纯的人口规模指标模型弱化了城镇在区域发展中的功能性相对地位，因此，以提供相应产品和服务能力的大小测度城镇等级将更有解释力。在对都市圈结构进行理论分析和案例研究的基础上，本研究认为，从区域功能的角度出发，都市圈（规模）等级结构可以定义为都市圈内不同城镇之间由于分工不同，在某一项或几项主要的区域经济发展产业门类中，由从业人员规模不同而形成的城镇等级结构。显然，在某一产业中，从业人员规模越大的城市越以该产业为主导产业，在都市圈内相关产业分工中的等级地位也就越高，由此形成的等级结构将是分析都市圈结构合理性的重要指标。

3. 区域治理结构

区域治理是在基于一定的经济、政治、社会、文化和自然等因素而紧密联系在一起的地理空间内，依托政府、非政府组织及社会公众等各种组织化的网络体系，对区域公共事务进行协调和自主治理的过程（马海龙，2009）。该概念的本质是使各活动主体间相互冲突（或不同）的利益得以调和，并且采取联合行动获得整体利益的持续过程，一方面，区域治理主体之间存在权力依赖，必须通过合作和集体活动实现整体利益；另一方面，区域治理需要利用内生于主体群体的制度安排实现其目标（曹雅文，2008）。

P.库克（P.Cooke）等学者认为，地域体"不是简单的地方或平等的社区，它们是由各种不同的个人、团体和社会利益在空间上相结合而产生的社会力量和动因的总和。它们不是被动的或多余的，在某种程度上，它们是集体意识的中心。它们是干预个体和集体日常生活，甚至在更大范围内影响当地利益的事件的内部运行的基地"（Cooke，1989）。都市圈治理的理论基础主要涉及两个方面，即传统的行政区行政理论和现代的区域公共管理理论，在以上理论中，区域治理主体及主体之间的协调机制存在很大差异。行政区行政理论主要关注以中央政府和地方政府为核心的传统公共部门，治理机制一般采用传统的单一科层制；在现代区域公共管理理论中，治理主体包括民族国家间政府、中央政府、地方政府及其联合体，以及区域性非政府组织和私人部门，治理机制采用科层制、市场机制、伙伴制、组织间网络、自组织制等混合机制（陈瑞莲，2006）。20 世纪 80 年代以来，欧洲政治空间（political space）的重构运动引发了区域研究的再次复兴（Keating，1997），新区域主义（new regionalism）理论的发展为都市圈治理研究提供了新的视角，新区域主义认为，一方面，目前地区的发展突破了行政边界局限，嵌入区域和世界政治体系中；另一方面，地区之间的竞争日趋激烈，地区发展需要通过重构区域经济体系的途径解决（Keating，1998）。新区域主义积

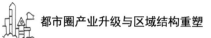

极倡导区域或次区域的整体观念与合作观念，特别是通过创建不同形式和功能的协调与合作机制，加快区域化进程（殷为华等，2007）。

在区域治理过程中，区域政策发挥着重要作用，Friedman（1995）认为："区域政策处理的是区位方面的问题，即经济发展'在什么地方'，它反映了在国家层次上处理区域问题的要求，只有通过操纵国家政策变量，才能对区域经济的未来做出最有用的贡献。"区域政策可以改变既有区位条件带来的地区发展潜力，平衡区域发展利益相关者的现实矛盾，重塑区域发展的战略格局，因此，区域政策（如都市圈规划）的改变必然带来区域治理结构的变化。

现实的都市圈规划为都市圈治理研究提供了丰富的实践积累，2002 年 5 月，江苏省人民政府批准了由江苏省建设厅、江苏省城市规划设计研究院主编的《苏锡常都市圈规划》，使《苏锡常都市圈规划》成为国内第一部经政府批准实施的都市圈空间规划（张文博等，2008）。近年来，为适应城市化发展和区域经济格局重组的需要，多个都市圈规划及旨在整合跨行政区资源的区域规划相继出台，如《珠江三角洲地区改革发展规划纲要（2008-2020 年)》、《京津冀协同发展规划纲要》和《长江三角洲城市群发展规划》等。

区别于一般意义上的区域规划和区域治理，都市圈治理的特殊性主要是由都市圈"中心—外围"的特殊区域结构所决定，而不仅仅表现在跨行政边界的区域治理方面。都市圈独特的"中心—外围"格局决定其在治理过程中，需要在兼顾主体利益诉求的基础上，充分考虑经济发展的梯度特征，因此，建构合理的经济和空间秩序，以实现都市圈协调发展是都市圈治理的中心。基于以上分析，本研究认为，都市圈治理结构至少包括三个层面的含义：一是治理的主体；二是主体之间的利益协调机制；三是主体之间的利益协调方式。都市圈治理结构随着区域职能结构、城镇等级结构的演变而演进，同时，都市圈治理结构的合理化也是实现区域结构优化的必要保障。

第二节　基本理论框架描述

对于都市圈产业结构升级与区域结构之间的协同演进关系可以通过图2-2中的概念模型表达。首先，都市圈产业结构升级可以实现都市圈劳动力、资本、技术等生产资料的重新配置与组合。都市圈产业结构升级可以是都市圈在经济环境变化的过程中自发形成，也可以是适应区域政策调整而呈现的"自上而下"的方式。从产业结构升级的实现模式看，一般是中心城市带动外围地区模式，即中心城市在技术进步、资源约束等背景下实现的产业升级通过技术外溢、产业转移等带动周边地区产业结构升级。其次，都市圈的产业升级引起了都市圈内部城市职能的变化，从而引起分工合作关系的重组；产业结构升级带来了各城市相关产业从业人员规模变化，使得基于功能的城镇等级结构发生变化；此外，都市圈产业结构升级引起的地区经济关系变化，必然促使地区之间协调互动模式发生变化，即都市圈治理结构的演进。

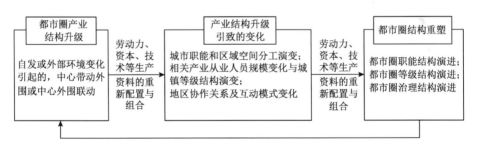

图 2-2　本研究的概念模型

一、都市圈结构演进的关键变量

通过对都市圈产业结构升级、产业结构升级引致的区域结构变化的分析可以看出，人口、生产资料等经济要素的集聚扩散是主导都市圈结构变迁的微观力量，同时，促成要素流动聚集的地区之间的互动对经济要素的流动速度和

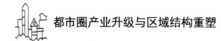
方向具有重要的导向作用。因此，在都市圈的形成和发展过程中，有几个因素十分重要，分别是人口规模和密度、经济集聚能力和地区之间的互动性。

1. 人口规模和密度

综观世界范围内的都市圈发展，相对较大的人口规模和相对较高的人口密度是都市圈发展的一个显著特点。人口对都市圈经济中心的正向作用主要体现在两个方面，首先，人口规模的大小和人口密度的高低直接决定了一个区域劳动力资源的丰富程度。作为重要的生产要素资源，人口规模和人力资源结构直接影响甚至决定了经济发展的水平。其次，都市圈人口规模的大小决定了都市圈经济发展乃至国家或地区经济发展的内需规模。同时，都市圈发展对人口规模和结构也有很强的反作用，都市圈经济发展的速度和水平直接影响和决定了人口流动和集聚。从理论角度分析，关于人口迁移的经典理论，如刘易斯模式、拉尼斯-费模式、乔根森模式、托达罗模式等无一例外地对经济发展水平差异引起的人口流动进行了深入阐述。从现实发展情况看，目前发展中国家大规模的城乡人口流动和迁移的主要动因，也正是为了追求更高的经济收入、生活水平和更大的发展空间。人口因素影响和决定都市圈发展，除涉及人口规模决定的城市规模结构外，还包括人口密度，都市圈最初的是统计概念——大都市区就将人口规模和密度列为重要的指标之一。根据美国人口普查局在 1950 年的界定，"central cities"是指一个地区最大的城市，对于该区域的其他城市，只要其人口达到最大城市的 1/3 以上，最低不少于 2.5 万人，也具有中心城市的资格（U.S.Department of Commerce，1952）。人口密度是城市集聚经济的集中体现，世界主要都市圈的中心城市，人口密度一直保持很高的水平。在我国 2014 年国务院印发了《关于调整城市规模划分标准的通知》，对原有城市规模划分标准进行了调整，城区常住人口为统计口径，明确了新的城市规模划分标准[①]。这一标准的调整对于科学认识我国快速城镇化时期城镇发展的基本情况具有重要意义，有利于客观地把握城镇发

---

① 以城区常住人口为统计口径，将城市划分为五类七档。城区常住人口 50 万以下的城市为小城市，其中 20 万以上 50 万以下的城市为 I 型小城市，20 万以下的城市为 II 型小城市；城区常住人口 50 万以上 100 万以下的城市为中等城市；城区常住人口 100 万以上 500 万以下的城市为大城市，其中 300 万以上 500 万以下的城市为 I 型大城市，100 万以上 300 万以下的城市为 II 型大城市；城区常住人口 500 万以上 1000 万以下的城市为特大城市；城区常住人口 1000 万以上的城市为超大城市。

展的基本规律，更好地实施人口和城市分类管理。

在人口规模和密度有规律的分布基础上形成的城镇规模等级体系，是判断区域城镇体系是否合理的重要指标。根据 Zipf 法则，一个国家人口数量排名第二的城市，是排名第一的城市人口的 1/2；排名第三的城市，是排名第一的城市人口的 1/3。人口规模和密度对都市圈经济中心的形成具有双向影响，其负面效应主要体现在，过多的人口集聚带来了交通、就业、医疗等方方面面的压力，并成为困扰以都市圈中心城市为代表的国内外大城市的"城市病"。根据国外发展经验，都市圈城市功能的高度综合，以及管理职能高度集聚带来的政策优势，往往会对各类人口产生巨大的吸力，进而导致大量人口向都市圈中心城市流动和集聚，出现人口规模膨胀的现象。因此，在都市圈发展到一定阶段，通过宏观调控和市场自发调节作用进行人口和冗余经济的有效疏解成为都市圈发展的必然要求。

2. 经济集聚能力

经济集聚是城市区别于其他地区的主要标志，经济集聚最大限度地节约了成本，创造了就业机会，吸引更多的人流和物流在城市节点的聚集，带来了城市繁荣。同时，经济集聚也创造了更多的社会产品，满足人们日益增长的物质文化生活需要，进一步增强了城市的集聚能力。城市经济集聚能力的大小主要取决于三个因素：一是城市产业结构的先进性。城市往往是区域内经济发展水平最高、经济资源最为集中的地区，产业结构往往处于区域的最高层级，工业化和城镇化比例远高于其他地区，成为先进生产力的集中体现。二是城市资源禀赋情况，主要表现为劳动力、生产资料的丰沛程度，低廉的劳动力往往是制造业、劳动力密集型产业区位选择的主导因素，而高素质的劳动力往往是高端服务业、高新技术产业区位选择的决定因素。三是经济社会政策因素，稳定的政治环境、优惠的经济政策往往会成为决定经济资源"去留"的关键。在全球化经济条件下，都市圈的经济集聚已经不限于一个国家或地区，常常表现为跨越国界。正如 Friedmann（1995）研究所得，在全球化时代，通过跨国公司在全球的产业链分工和资源配置，地方与全球经济实现

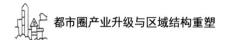

了一体化整合，一些集聚能力强的地区发展成为区域经济中心。

3. 地区之间的互动性

都市圈内城市具有不同的区位，差异化的资源禀赋，不同的经济社会发展水平，能使都市圈成为经济一体化区域的前提是圈域内部地区之间的互动性。进一步地，这种互动性由交通通达性、地区之间的市场分割情况所决定。其中，交通节点是所有都市圈中心城市的共同特征，是地区之间互动性的直观表现，也是都市圈经济发展的重要条件。衡量交通节点的区位优势经常使用的指标为可达性，可达性决定了一个地区相对于另一个地区的区位优势，从理论上说，它与机动性、经济发展、社会福利与环境影响密不可分，中心城市与原料区、市场区之间可达水平高，因此比外围地区更具有活力与竞争性（Gutiérrez et al.，2009）。

从城市发展历史的角度看，临近交易场所是"市"形成和发展的重要原因，交通节点带来的经济互动是都市圈城市成为区域中心的关键。例如，荷兰首都阿姆斯特丹，位于艾瑟尔湖西南岸，阿姆斯特尔河提供的便捷的水运条件使该城市成为欧洲内陆水运的交汇点。17世纪的阿姆斯特丹发展迅速，该时期的荷兰商船经由阿姆斯特丹可以前往北美洲、非洲、波罗的海等地，因此形成了以阿姆斯特丹为中心的世界贸易网络。同时，交通运输方式的变化带来了交易成本的降低，给地区间经济互动带来了更为广阔的市场需求。此外，经济互动也是决定都市圈城市腹地范围的重要因素，城市腹地也称城市吸引范围、城市势力圈或城市影响区，是指城市的吸引力和辐射力对城市周围地区的社会经济联系起主导作用的地域（王德和赵锦华，2000）。在城市经济学、区域经济学的相关理论中，如中心—外围模型、核心—边缘理论对经济腹地与经济中心的相互作用关系均有论述。一般认为，经济中心是区域经济发展的核心，其集聚和辐射效应对整个区域经济发展具有重要影响；同时，城市的形成和发展受腹地的自然资源和社会经济条件的影响和制约，经济腹地是都市圈经济发展的空间支撑，是区域产业依存的实体空间，如果没有经济腹地，经济中心也就失去了存在的基础。

在现实的都市圈发展过程中，伴随着工业化、城市化推进，都市圈中心城市经济实力的提升，经济和社会发展要素的集聚，以便捷交通构筑的通勤网络，以及消除地区之间贸易壁垒形成的市场一体化加快了都市圈社会活动往来，构筑的交通基础设施网络和市场一体化又加快了区域内人流、物流的流动和集聚。进而，在都市圈中心城市与其临近的区域形成了一个彼此相互交融的地带，该地带受都市圈经济影响和辐射的程度最深，城市化发展最为活跃。

二、都市圈产业结构升级的一般规律

产业结构升级被认为是产业升级从量变到质变的结果[①]，包括产业结构合理化和产业结构高级化。产业结构合理化是指为提高经济效益，根据科学技术水平、消费需求结构和资源条件，对不合理的产业结构进行调整，使各产业协调发展。产业结构高级化是指一个国家或地区经济发展重点或产业结构重心由第一产业向第二产业、第三产业逐次转移的过程，是判断一国或地区经济发展水平的高低和发展阶段的基本指标之一。产业结构高级化往往具体反映在各产业部门之间产值、就业人员、国民收入比例的变动上。都市圈作为一类特殊类型的区域，与其他区域产业升级相比，既有相同点，也有不同之处，主要体现在都市圈特殊的中心—外围关系，以及由此形成的经济空间联系等方面。

1. 全球化背景下的区域产业结构升级

全球化是指全世界成为一个统一的大市场，在这个市场中不同国家或地区的商品、技术、信息、服务、人口等生产要素能够自由流动和集聚，从而实现资源在世界范围内的优化配置。

---

① 在本书使用过程中，除特别说明外，沿用已有文献习惯，对两者不做特别区分。

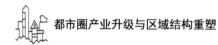

对于开放经济条件下区域产业结构升级研究具有代表意义的理论是，1935 年由日本学者赤松要（Akamatsu）提出的雁行理论，以及美国哈佛大学教授费农于 1966 年提出的产品生命周期理论，这些理论均论述了全球化背景下，基于国际贸易和投资的区域产业结构升级的基本规律。由于地区资源禀赋、地区发展基础、所处产品生命周期阶段的不同等，区域产业结构升级呈现渐次性，即产业结构的高级程度由经济发达地区向经济不发达地区依次渐进降低。这种梯度的区域产业结构不仅有助于提高地区的专业化水平，增强地方专业化职能，而且基于此，可以构建稳定的区际经济互动关系。区域内这种不均等的产业布局结构使得产业结构调整升级也呈现梯度特征，事实上，产业结构升级带来的全球范围内生产资源配置的重构，带来了全球范围的经济重心转移，近代历史上，世界经济贸易中心从地中海逐渐转移到北大西洋东岸，以及从英国转向美国，均是受工业革命、新技术，以及国际政治格局变化影响的产业梯度转移的结果。

2. 区域经济一体化背景下的都市圈产业结构升级

近代城市的快速发展与工业化密切相关，工业革命带来的生产方式变革至少在四个方面促进都市圈发展：一是改变了传统的工业生产方式，提高了生产效率，促进了城市集聚经济快速发展，增强了城市和区域竞争力；二是应用先进的工业技术改变了生活方式，如钢铁技术、电梯技术的发展使得立体化的城市空间发展成为可能，极大地增强了城市和地区对人口和经济要素的吸纳能力；三是促进了社会分工和专业化发展，进一步地，在城市专业化基础上实现了区域分工合作，促进了都市圈经济网络的稳定；四是改变了交通方式，拓展了经济活动和生活娱乐的空间，为中心城市的辐射和带动作用的发挥提供了支撑，使"中心—外围"结构更加紧密。世界大都市圈内的城市无一例外地在工业主导时期获得了长足发展，同时中心城市发展速度和规模与外围地区对比形成的相对优势，使得中心与外围形成梯度的经济发展差异，因此，都市圈的产业结构升级常常表现为中心带动外围的模式。

三、都市圈产业结构升级的产业支撑体系

通过对国内外都市圈发展的实际情况分析，都市圈产业结构升级的产业支撑体系主要包括制造业、金融、物流、文化娱乐产业等。根据产业发展规律和产业结构调整升级的方向大体可划分三类：一是制造业；二是生产性服务业；三是文化创意产业。

1. 制造业

制造业作为工业产业中的重要门类，自英国的工业革命开始，在全球范围内蓬勃发展，一度成就了诸多经济发达、文明程度很高的工业城市。即便在信息经济、知识经济时代，制造业也仍然展现出强劲的生命力。都市圈的发展应以制造业发展为载体，通过制造业发展带动生产性服务业发展，进而带动都市圈延伸扩展；都市圈的发展会进一步促进制造业聚集、创新能力提升和附加值提高（李廉水，2009）。无论是发达国家还是发展中国家，无论是工业化建设初期还是现代工业建设末期，即使在高新技术产业和信息产业高速发展的今天，在东京、新加坡等国际大都市，制造业依然是城市发展的重要产业，是城市发展的重要动力，是技术创新的主要平台（李京文等，2012）。

在产业结构升级的背景下，制造业对城市和地区经济发展的重要作用主要体现在三个方面。一是制造业对抵御经济危机等的抗风险能力较强，经济全球化使国家和地区之间的经济往来和互动越发频繁，也扩大了经济发展的风险范围。货币资金的全球融通使得一个国家或地区的局部风险可以迅速蔓延至全球，如2008年的金融危机，引起全球大部分国家主要金融指标的急剧恶化，在这样的背景下，依托金融服务业等为主导产业的国家或地区最容易受到冲击而出现困境。而制造业属于实体经济，以生产有形的产品为主，受到金融危机的直接影响和波及幅度较小，抗风险能力较强。二是在由投入—产出关系构建的生产体系网络中，制造业的产业关联作用[①]较大，对建立和完

---

① 产业关联主要是指某一产业与产业群落内部其他产业之间的相互依存关系，一般用产业关联的前向联系和后向联系衡量。例如，一般认为汽车制造业的后向联系度较高，该产业的发展将带动机械、冶金、化工等上游产业的发展。

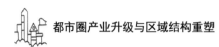

善产业体系意义重大。制造业是重要的中间产品的生产和消费环节，对强化城市或区域产业体系的经济往来和互动具有重要意义。三是制造业可以直接提高人们的物质文化生活水平，是经济发展水平的重要标志。随着经济的发展，人们对物质文化生活的追求也越多，从工业革命开始的汽车、火车、飞机、轮船，直至 3D 打印时代的各种产品，生产有形产品的制造业在不断革新中满足人们不断增长的物质文化生活需要。

即使在东京、纽约、伦敦这样发达的全球城市，依然有工业制造业存在（表 2-7），只是在产业结构的调整中，逐步优化了制造业的结构，其中都市型工业具备一定的竞争力和生命力（张婷麟和孙斌栋，2014）。

表 2-7　三大全球城市主要的制造业列表

位次	东京	纽约	伦敦	上海
1	印刷业	金属产品制造	食品制造	电子设备制造
2	金属制品	印刷及相关行业	印刷及相关产业	交通运输设备制造
3	电气机械	食品制造	基础金属制造	通用设备制造
4	食品制造	家具及相关产品制造	化工工业	电气机械
5	交通运输设备制造	服装生产业	药物及试剂产品	金属制品

资料来源：张婷麟和孙斌栋，2014

其中，伦敦是伦敦大都市圈的中心城市，也是老牌的工业城市，拥有较大比重的工业企业。从产业类型看，主要集中了织布、印刷、家具制造和机械等。进入 20 世纪 50 年代之后，这些产业由于技术落后、效率低等，相继沦为夕阳工业（北京市统计局研究所，1997）。目前，伦敦依然是英国的经济中心，除占据主导地位的现代服务产业外，传统工业经过技术改造升级转型为节能降耗的都市型工业，目前食品制造、印刷及相关产业、基础金属制造、化工工业、药物及试剂产品等是伦敦的代表性工业门类。纽约是"波士华"城市群的中心，是美国工业化时期快速发展起来的工业城市，工业长期以来一直是城市经济的主导，尽管目前美国已实现工业化和城市化，纽约的传统工业经过技术迭代和设备改造升级，转型为都市型工业，目前金属产品制造、印刷及相关行业、食品制造、家具及相关产品制造、服装生产业在纽约城市经济中均占有一定比重。东京是东京都市圈的中心城市，经济快速发展，在第三产业迅速发展的同时，东京仍是日本工业最发达的城市之一。在20世纪80年代以前，东京一直是日本最大的工业中心，此后工业企业外迁，带来了工业地位相对下降，但仍是日本重要的工业城市（蔡来兴，1995）。东京的工业结构体现了为中枢管理功能服务的首都特色，印刷出版业和技术密集型的电机、通信机械、精密机械和运输机械为主导部门（沈金箴，2003）。

20世纪80年代初起，世界发达国家开始了"再工业化"运动，尤其是2008年的金融危机之后，以制造业为主体的实体经济对经济稳定发展的重要作用重新获得了各方的认可，一些国家再次将制造业发展作为产业结构升级的主要方向。欧盟开始加大制造业科技创新扶持力度，美国也在2009~2012年，先后推出了《重振美国制造业框架》（2009年）、"先进制造伙伴关系"（AMP）计划（2011年）与《先进制造业国家战略计划》（2012年），旨在通过制造业革命和优化制造业产业结构，重新整合配置工业资源，增强经济活力和国际竞争力。现阶段，日本也高度重视高端制造业的发展，2014年，日本着手研制以3D造型技术为核心的制造技术项目研发，开发了代表世界顶尖水平的金属粉末造型用3D打印机；使用"小生产线"模式，建成了世界最短的高端车型生产流水线；并通过小型设备、机器人和无人搬运机、无人工厂、细胞生产方式等革新，降低制造业生产成本，大幅度提高制造产业竞争力（李金华，2015）。2010年7月，德国政府发布《高技术战略2020》，确定了未来德国的十大发展项目，其中包括支持工业领域中制造技术的革命性研发和创新，这便是"工业4.0"的雏形。2013年德国"工业4.0"项目得以正式发布。"工业4.0"激起了制造领域技术革命、技术竞争的新一轮浪潮，引起世界各国的高度重视。2015年5月，我国《中国制造2025》正式发布，围绕实现制造强国的战略目标，明确了九项战略任务和重点，提出了八个方面的战略支撑和保障。

全球层面对制造业地位和作用的认可，以及国家、区域层面对制造业支持力度的增强，必然带动制造业竞争力的回归，也将使制造业成为未来都市圈发展的重要产业载体。

2. 生产性服务业

生产性服务业（producer services）是从制造业内部分离出来并实现市场化的中间投入服务，自 20 世纪中期引起学者的关注后（Tschetter，1987），一直成为城市经济学、区域经济学、城市与区域规划等领域的研究热点（Marrewijk et al.，1997；Guerrieri and Meliciani，2005）。在经典世界城市理论中，生产性服务业是城市和区域经济发展到高级阶段的主导产业类型，也是地区发达程度的重要标志（Hall，1996；Friedmann，1986；Sassen，2001）。在产业体系中，生产性服务业的主要作用在于为工业生产提供服务，其本身具有创新性强、产业融合度高等优点，目前已成为全球产业竞争的战略制高点。

1）金融业

金融业是生产性服务业中的重要门类，也是都市圈经济的重要载体。金融泛指货币资金的融通，包括货币的发行、流通和回笼，贷款的发放和收回，存款的存入和提取，汇兑的往来等经济活动。相应地，金融产业主要是指经营金融商品的行业，由于金融产品的种类多样，根据所从事金融产品服务的不同，金融业又可细分为银行业、保险业、信托业、证券业和租赁业等多类。在物质生产部门与服务部门分工日益深化的情况下，服务业已成为发达国家现代城市经济中最大的经济部门，而在服务业中，金融保险、贸易等功能向中心城市集中的倾向更为强烈，中心城市的这些功能特征使其极化效应和扩散效应大大强化（刘志广，2004），进而形成了全球范围内的若干金融中心城市（international finance centre）。都市圈中心城市的独特优势（区位、政策、人才等资源），使其常常成为国际金融机构总部的首选之地（表 2-8）。一些大都市圈中心城市不仅掌控对一个地区金融业监督管理的最高权力，同时，也是一个地区金融活动最为集中的城市之一，外汇交易、股票交易、期货交易、国际资本借贷、保险等业务非常活跃，其金融服务对周围乃至区域具有强大的辐射和带动作用。从都市圈角度看，围绕全球金融中心指数排名靠前的城市绝大多数形成了较具影响力的都市圈。

表 2-8　全球金融中心指数排名一览表

排名	金融中心	所属都市圈	排名	金融中心	所属都市圈
1	伦敦	伦敦都市圈	26	巴黎	欧洲西北部城市群
2	纽约	"波士华"城市群	27	台北	
3	香港	泛珠三角	28	华盛顿	"波士华"城市群
4	新加坡		29	百慕大	
5	东京	东京都市圈	30	都柏林	都柏林都市圈
6	上海	长三角	31	开曼群岛	
7	多伦多	北美五大湖城市群	32	广州	珠三角
8	悉尼	悉尼城市群（悉尼都市圈）	33	阿姆斯特丹	兰斯塔德都市圈
9	苏黎世		34	特拉维夫	
10	北京	京津冀	35	卡萨布兰卡	
11	法拉克福	法兰克福—莱茵—美茵城市群	36	华沙	
12	蒙特利尔	北美五大湖都市圈	37	英属维尔京群岛	
13	墨尔本	墨尔本都市圈	38	惠灵顿	
14	卢森堡		39	斯德哥尔摩	
15	日内瓦		40	泽西岛	
16	旧金山	旧金山湾区	41	根西岛	
17	温哥华	大温哥华区城市群	42	维也纳	
18	迪拜		43	哥本哈根	
19	波士顿	"波士华"城市群	44	塔林	
20	深圳	珠三角	45	多哈	
21	大阪	京阪神大都市圈	46	奥斯陆	
22	首尔	首尔都市圈	47	青岛	山东半岛城市群
23	洛杉矶	圣地亚哥—旧金山城市群	48	约翰内斯堡	
24	芝加哥	北美五大湖城市群	49	格拉斯哥	
25	阿布扎比		50	慕尼黑	大慕尼黑都市圈

资料来源：Z/Yen Group and the China Development Institute.The Global Financial Centres Index 22，发布时间为 2017 年 9 月

注：一些都市圈尚未发育成熟或都市圈的空间范围界定尚不清晰，因此，所属都市圈一栏信息反映的是各大城市的大致情况

2）物流业

生产要素等物质资源的流通是商品交换行为得以实现的根本保证，在现代经济体系中，物流产业的发展与地区经济发展呈正向相关关系。物流产业是物流资源产业化而形成的一种复合型产业，包括运输业、仓储业、装卸业、包装业等，分散在制造业、农业、流通业等三次产业的多个环节。几乎所有的大中城市均将物流产业作为支撑经济发展的重点，由于城市经济的高度密集性和分工的高度专业化，连接生产各个环节，以及生产与销售、销售内部的各个环节之间的城市物流，成为提升经济竞争力的重要抓手。此外，从区际物流和国际物流角度看，其始发点和最终目的地基本都是城市，由于都市圈中心城市区位条件优越，交通基础设施完善，其比较优势使其容易成为区际和国际物流的重要集散地。

3）其他生产性服务业

商贸业是生产性服务业中的重要门类，也是都市圈经济的重要载体之一，一般意义上，商贸业泛指一切和商业有关的活动。商贸业是现代城市经济运行不可或缺的重要环节，商贸的发展水平和发达程度是城市经济乃至国民经济发育程度的重要表征。在全球范围内，能够产生世界影响的居于商贸中心地位的城市被称为国际商贸中心城市。伦敦都市圈、东京都市圈和巴黎都市圈的中心城市伦敦、东京、巴黎等国际化城市不仅是世界经济中心和金融中心，也是世界商贸中心。会展业也是都市圈地区经济的重要门类，都市圈是一个国家或地区的经济中心，其中心城市往往在国际交往、国内区际关联活动中兼具窗口的功能，因此，常常成为各类会议和展览的首选地区，相应地，有关会议、展览和其他大型商业或非商业活动的会展业成为区域经济的重要载体。2015 年，国际大会与会议协会（ICCA）发布的 2014 年接待国际会议数量的全球城市排名中，北京排名第 14 位，接待国际会议总量为 104 个，仍在中国和亚洲保持领先地位[①]。榜单上的许多城市分别是各自所属都市圈的中

---

① 北京获 2015 最佳国际会议目的地奖 接待数量全球第 14. http://www.xinhuanet.com/overseas/2015-12/10/c_128517665.htm[2015-12-10]。

心城市，会展经济的快速发展不仅加强了国际的交流与贸易，也提升了城市和区域的知名度及国际影响力。

3. 文化创意产业

文化创意产业（cultural and creative industry）被界定为以创作、创造、创新为根本手段，以文化内容和创意成果为核心价值，以知识产权实现或消费为交易特征，为社会公众提供文化体验的具有内在联系的行业集群[①]。在现代产业体系中，文化创意产业是最具创新活力和发展潜力的部分，综观伦敦、纽约等世界城市的发展进程，伴随着产业结构升级，文化创意产业相继成为后工业化时代城市经济中的主导产业，代表城市未来的产业发展方向。

城市是人类文明的重要标志，同时人类文明的发展也促使城市经济更加繁荣。近半个世纪以来，人们日益增长的物质文化需求和现代传播技术的普及，共同促进了文化产业的快速发展，也改变甚至重塑了城市经济发展模式。与传统产业相比，文化创意产业具有知识密集型、高附加值、技术整合性等优点，发展文化创意产业能够实现城市文化竞争力的提升、产业结构的优化，以及城市经济实力的增强等。在欧美一些发展速度较快的城市中，由于文化产业产生的巨大的文化附加值和相关产业的带动作用，以其巨额利润吸引了越来越多的投资者，提升了城市的投资环境，促进了城市的繁荣（阮仪三，2005）。从都市圈城市文化创意产业的发展动力角度可大体将这些城市分为两种类型：一种是以市场为主要驱动力量自发形成的文化创意产业中心；另一种是以政府为主要驱动力量自上而下规划发展的文化创意产业中心。

前一类型代表性的城市如英国伦敦都市圈的中心城市伦敦。随着传统工业的逐渐衰落及市民收入水平的提高，伦敦的产业升级成为工业化和城市化背景下的必然趋势，文化创意产业的发展因此成为城市产业转型的重要载体。近10年来，以文化创意产业为主的新兴产业开始在大伦敦地区异军突起，凭借着每年 210 亿英镑的产出值，文化创意产业目前已经成为仅次于金融服务

---

① 引自《北京市文化创意产业分类标准》。

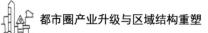

业的伦敦第二大支柱产业（王可，2010）。当前的英国经济建立在第三产业的基础上，尤其是飞速发展的文化创意产业使得这个老牌的世界工厂彻底改换了门庭，变身成为引领全球的创意先锋（李淑芳，2010）。后一类型代表性的城市如韩国首尔都市圈中心城市首尔。1997年亚洲金融风暴将韩国文化产业推入濒临破产的境地，迫使韩国政府必须重新思考新的经济增长方式和经济增长点，制定专门法律法规确立"文化立国"的国家方针，从国家意志高度明确发展文化产业的方向（张寅，2006）。首尔的数字媒体城是首尔文化创意产业发展的重心之一，在这个产学研结合的现代数字园区中统一规划建设的文化创意产业及其相关的基础设施包括教育研发中心、创业办公区、剧院、科技艺术博物馆、科技娱乐中心、公共绿地等，集中布局了媒体娱乐广播、游戏、电影、动画制作、音乐和远程教育等基于信息技术的产业。

此外，随着近现代经济的快速发展和人们生活水平的迅速提高，娱乐、休闲已成为人们生活的重要组成部分，与传统产业类型相比，休闲娱乐产业属于朝阳产业，该产业迎合了人们的物质文化生活需求，并成为彰显一个城市文明程度、生活水平的重要标志，成为城市经济发展的一种趋势。与其他城市相比，都市圈内中心城市的经济基础雄厚，人口规模大，对外经济文化交流频繁，休闲产业的发展存在巨大的空间。综观世界都市圈经济的发展，尽管休闲产业发展水平存在一定差距，但多数城市均已形成了囊括旅游业、餐饮业、娱乐业、服务业、文化产业、体育产业等经济形态的休闲娱乐产业体系，并成为区域经济最为活跃的部分。

第三节　本　章　小　结

为了更清晰地展开本研究的论证，本章界定了本研究的核心概念，包括都市圈、中心—外围、都市圈结构等，在此基础上，分析了在都市圈结构演进过程中的关键变量，即人口规模和密度、经济集聚能力和地区之间的互动性。通过对经济全球化和区域经济一体化条件下产业升级一般规律的分析可知，区域内部地区之间经济资源要素分布的不均衡性，以及产业结构布局和升级过程中的梯度差是客观存在的。进一步地，本章分析了在都市圈产业结构升级中的几个重要产业门类，并将其作为后续章节实证研究的对象。

第三章

三大都市圈产业结构升级特征比较

京津冀、长三角、珠三角三大都市圈产业结构升级的特征与趋势可以从三个角度判断：一是从三次产业结构及产业内部细分产业结构的指标变动进行测度；二是从中心城市和外围地区的产业结构指标变动进行测度；三是从圈域内部地区之间的产业结构指标变动进行测度。

第一节　京津冀都市圈产业结构升级的特征与趋势

从目前 GDP 及其占全国比重、人口和人口密度等指标衡量，京津冀、长三角、珠三角三大都市圈的基本指标如表 3-1 所示。其中从 2015 年指标看，京津冀、长三角、珠三角三大都市圈 GDP 占全国比重分别达到 10.1%、19.8% 和 9.1%，三大都市圈 GDP 总量占全国比重为 39%，是全国经济发展最为集中的地区。从人口指标看，2015 年，三大都市圈人口占全国比重分别为 8.1%、10.5% 和 4.3%，总人口数占全国比重为 22.9%，是全国人口最为集中的地区。

三大都市圈代表了区域经济发展的方向，其产业结构发展和变动趋势具有代表性，因此本章将从三大都市圈产业结构的变动轨迹着手，实证都市圈产业结构升级的特征和趋势。

表 3-1　三大都市圈经济实力比较

项目	1995 年			2005 年			2015 年		
	京津冀	长三角	珠三角	京津冀	长三角	珠三角	京津冀	长三角	珠三角
GDP/亿元	5 164.5	10 487.5	3 073	20 680	38 958.6	18 244.5	69 358.9	13 5512.5	62 267.8
占全国比重 /%	8.9	18.0	5.3	11.3	21.3	10.0	10.1	19.8	9.1
人口/万人	8 630	11 029.2	2 875	9 423	12 287.4	4547.1	11 170	14 436.8	5 874.3
占全国比重 /%	7.1	9.1	2.4	7.2	9.4	3.5	8.1	10.5	4.3
土地面积 /平方公里	211 886	176 924	54 559	216 023	200 449	54 741	214863	212 867	54 947
占全国比重 /%	2.2	1.8	0.6	2.3	2.1	0.6	2.3	2.2	0.6
人口密度/ （人/公里²）	407.3	623.4	527	436.2	613	830.7	519.9	678.2	1 069.1
人均 GDP/元	5 984.4	9 508.9	10 688.6	21 946.3	31 706.2	40 123	62 093.9	93 865.8	106 000.8

资料来源：1996 年、2006 年、2016 年《中国城市统计年鉴》，珠三角人均 GDP 数据来源于 1996 年、2006 年、2016 年《广东统计年鉴》

一、都市圈中心城市产业结构升级特征

1. 北京产业结构升级特征

改革开放以来，北京产业结构变动的基本特征为，第一、第二产业所占比重逐渐下降，第三产业所占比重逐年上升（图 3-1）。1978 年北京三次产业结构比为 5.2∶71.1∶23.7，1994 年第三产业占 GDP 比重首次超过第二产业，成为城市经济的主导，城市产业结构呈现"三、二、一"发展特征。此后，北京第三产业一直保持快速增长态势，在提升北京经济总量水平、发展速度、城市综合竞争能力等方面发挥了重要作用。2009 年北京人均 GDP 首次突破 1 万美元，按照世界银行对贫富地区的划分标准，标志着北京经济社会整体发展已达世界中等发达国家水平。截至 2015 年，北京地区生产总值达到 23 014.6 亿元，三次产业结构比为 0.6∶19.7∶79.7，三次产业贡献率为-1.1∶10.9∶90.2。

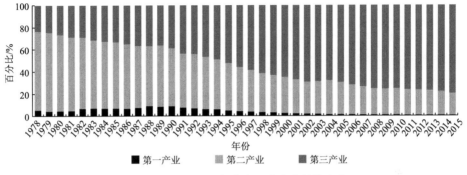

图 3-1　1978~2015 年北京三次产业结构变化

资料来源：《北京统计年鉴 2016》

1）第一产业发展现状

2003 年，北京提出发展都市型现代农业的战略，充分挖掘农业的生产、生活和生态功能，近年来相关作用正逐渐显现。2000~2015 年北京第一产业的增加值呈现先上升后下降的趋势。其间第一产业占 GDP 比重逐年下降，2000~2006 年下降速度较快，占比由 2.51%下降至 1.09%，之后下降速度放缓，2010~2013 年第一产业占 GDP 比重趋于稳定，在 0.8%左右。随着北京产业结构升级，第一产业的经济功能逐渐减弱（图 3-2）。

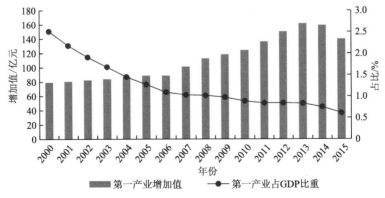

图 3-2　2000~2015 年第一产业增加值及占 GDP 比重

资料来源：《北京统计年鉴 2016》

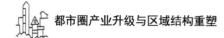

2) 第二产业结构变动及重点产业发展

在北京经济的快速增长过程中，第二产业一直发挥着重要作用，2015 年增加值为 4542.6 亿元。从相对地位看，改革开放后，随着北京产业结构调整升级，第二产业占 GDP 比重逐年下降（图 3-3），1994 年，北京第二产业占 GDP 比重已由 1978 年的 71.1%下降为 45.2%，以此为转折点，退出城市经济的主导。2000 年以来，随着北京"退二进三"战略的实施，产业结构加快升级，第三产业占 GDP 比重逐年上升，第二产业占 GDP 比重整体呈进一步下降趋势，第二产业占 GDP 比重由 2000 年的 32.7%下降为 2015 年的 19.7%。

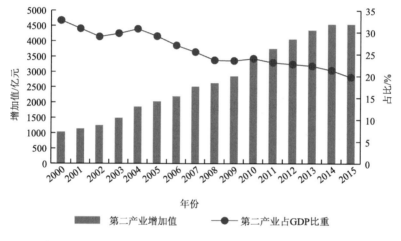

图 3-3   2000~2015 年第二产业增加值及占 GDP 比重

资料来源：《北京统计年鉴 2016》

从第二产业的内部结构来看，近年来，现代制造业和高技术产业发展较快，2015 年产业增加值分别达到 1681.3 亿元和 5175.8 亿元。2005 年后，高技术产业增加值和占 GDP 比重整体呈增长趋势，表明高技术产业的服务功能在逐渐加强。2005~2015 年，现代制造业保持平稳增长，从占 GDP 比重来看，现代制造业增加值占 GDP 比重在 10%左右波动，整体呈现出下降趋势（图 3-4）。

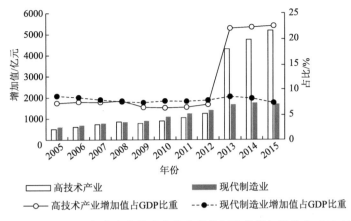

图 3-4　2005~2015 年北京高技术产业和现代制造业增加值及占 GDP 比重

资料来源：2006~2016 年《北京统计年鉴》

从轻重工业内部结构看，北京轻重工业呈明显差异化发展，重工业比重逐年上升，轻工业比重逐年下降。1994 年，工业增加值中轻重工业所占比重分别为 32.3%和 67.7%，2015 年这一比重分别调整为 21.1%和 79%。2004 年以后，汽车制造业与电力、热力生产和供应业在北京工业发展中的主导地位逐步确立并巩固，其中汽车制造业增加值所占比重从 2013 年起已经超过 20%。医药制造业和专用设备制造业增加值所占比重逐年上升，近年来医药制造业发展尤为迅猛。总体来看，汽车制造业，电力、热力生产和供应业，专用设备制造业和医药制造业已成为工业中的优势产业（图 3-5）。

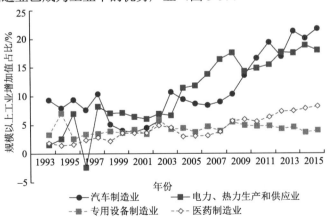

图 3-5　1993~2015 年主要行业规模以上工业增加值所占比重

资料来源：《北京统计年鉴 2016》

近年来，北京加快了疏解非首都功能的步伐，率先在全国制定了新增产业的禁止和限制目录，全市禁限比例达 55%，城六区禁限比例达 79%[①]。2016年累计关停退出一般制造业和污染企业 335 家，疏解各类商品交易市场 117家。首钢集团、中石化等企业陆续实现搬迁，规模以上工业中，黑色金属冶炼和压延加工业，化学原料和化学制品制造业，非金属矿物制品业，石油加工、炼焦和核燃料加工业等所占比重逐年下降（图 3-6）。截至 2017 年 1 月，35 个北京项目在曹妃甸示范区开工，45 家北京企业和机构入驻保定·中关村创新中心，53 家北京生物医药企业落户沧州等[②]。

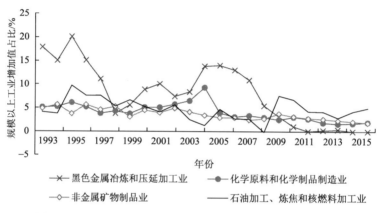

图 3-6　1993~2015 年主要行业规模以上工业增加值所占比重

资料来源：《北京统计年鉴 2016》

3）第三产业结构变动及重点产业发展

2015 年，北京第三产业增加值达到 18 331.7 亿元，是同期第二产业增加值的 4 倍多。2006 年，第三产业占 GDP 比重超过 70%，2015 年末第三产业占 GDP 比重达到 79.7%（图 3-7）。经过多年发展，第三产业已经成为承载城市就业、支撑城市经济发展、提升城市竞争力的主导产业门类。

[①] 李士祥.2015.有序疏解京非首都功能 全市新增产业禁限比达 55%. http://finance.people.com.cn/n/2015/1210/c1004-27910949.html[2018-04-06]。

[②] 北京市人民政府 2017 年《政府工作报告》。

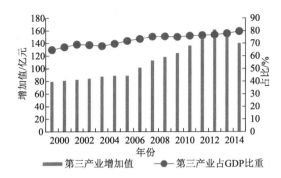

图 3-7　2000~2015 年北京第三产业增加值及占 GDP 比重

资料来源：《北京统计年鉴 2016》

从第三产业的内部结构来看，以生产性服务业为主的现代服务业快速发展，有效推动了首都经济发展方式转变，并成为北京发挥中心城市服务业职能的重要承载体。2015 年，现代服务业的增加值为 13 303 亿元，在第三产业增加值中占比达到 72.6%（图 3-8）。金融业是北京现代服务业中最重要的产业门类，2015 年，金融业增加值占现代服务业增加值的比重为 29.5%，其次为信息传输、软件和信息技术服务业，科学研究、技术服务业，商务服务业，以及房地产业，增加值占 GDP 比重分别为 17.9%、13.7%、12.6% 和 10.8%。2015 年，生产性服务业的增加值达到了 12 172 亿元，占 GDP 比重为 52.9%，金融服务、信息服务、科技服务、商务服务、流通服务是北京重点建设的生产性服务业门类，为现代制造业发展提供重要支撑，也进一步增强了北京的服务辐射力和国际竞争力。

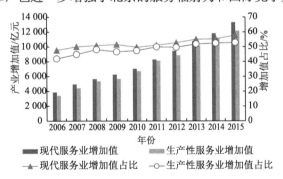

图 3-8　2006~2015 年北京现代服务业和生产性服务业增加值及占 GDP 比重

资料来源：2007~2016 年《北京统计年鉴》

根据《北京统计年鉴 2016》，现代服务业包括信息传输、软件和信息技术服务业，金融业，房地产业，商务服务业，科学研究、技术服务业，环境管理业，教育，卫生，文化、体育和娱乐业等；生产性服务业包括流通服务、信息服务、金融服务、商务服务、科技服务等

2. 天津产业结构升级特征

作为中国北方经济中心、环渤海地区和京津冀区域的中心城市，天津的经济增长速度一直位居前列，这主要得益于适应经济发展客观规律的产业结构调整升级战略。总体来看，天津第一产业所占比重逐渐下降，近几年已相对稳定，保持在 1.3%左右。第二产业所占比重缓慢下降，第三产业所占比重逐年上升，2014 年第三产业所占比重首次超过第二产业。2015 年，天津 GDP 为 16 538.2 亿元，三次产业结构比为 1.3∶46.5∶52.2（图 3-9）。

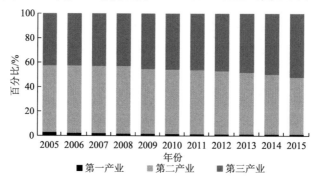

图 3-9　2005~2015 年天津三次产业结构变化

资料来源：《天津统计年鉴 2016》

1）第一产业发展现状

近年来，天津一直致力于发展沿海都市型现代农业，建立了观光休闲旅游农业园、绿色农业、设施农业、订单农业等一批新型农业，虽然第一产业占 GDP 比重整体呈下降趋势，但产值总量不降反升（图 3-10）。

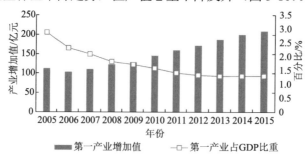

图 3-10　2005~2015 年天津第一产业增加值及占 GDP 比重

资料来源：2006~2016 年《中国统计年鉴》

2）第二产业结构变动及重点产业发展

作为我国重要的工业城市，天津第二产业占 GDP 比重较高。从发展趋势看，2005~2015 年，第二产业占 GDP 比重有所下降，已由 2005 年的 54.6%，下降为 2015 年的 46.5%。其中，工业增加值占 GDP 比重已由 2005 年的 50.1%，下降为 2015 年的 42.2%。2015 年，天津第二产业增加值为 7704.2 亿元，其中工业增加值为 6979.1 亿元，占第二产业增加值的比重为 90.6%，是拉动全市经济、提升城市竞争力、支撑城市职能发挥的重要力量（图 3-11）。

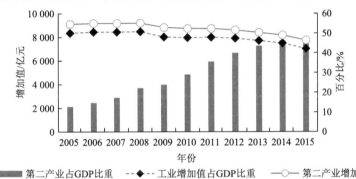

图 3-11　2005~2015 年天津第二产业增加值、第二产业增加值与工业增加值占 GDP 比重

资料来源：《天津统计年鉴 2016》

从工业内部结构看，轻工业占比逐年下降，重工业占比逐年攀升，1996年，天津轻重工业比为 46.6∶53.4，2006 年以后，轻工业比重一度低于 20%，2015 年，轻重工业比调整为 21.5∶78.5（图 3-12）。

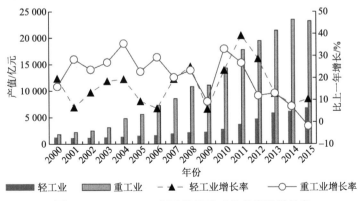

图 3-12　2000~2015 年天津轻重工业产值及增长率

资料来源：《天津统计年鉴 2016》

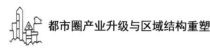

目前，冶金产业、轻纺工业、机械装备制造业、电子信息产业、石油化工产业、汽车制造业、新材料产业、生物医药产业、航空航天产业、新能源产业、资源循环及环保产业是天津优势产业，上述 11 个工业门类的总产值占天津工业总产值的 86%。冶金产业优势明显，2015 年，该行业工业总产值为 6005.9 亿元，占优势产业总产值的比重为 23.3%。轻纺工业、机械装备制造业、电子信息产业和石油化工产业对天津经济增长的贡献度也较大，四个行业占优势产业产值的比重分别达到 15%、12.2%、10.3%和 10.1%（图 3-13）。尽管新能源产业、航空航天产业、生物医药产业、新材料产业目前占工业总产值的比重相对较低，但从未来天津建设规划及行业比较优势看，以上行业将成为天津未来工业发展的重点。

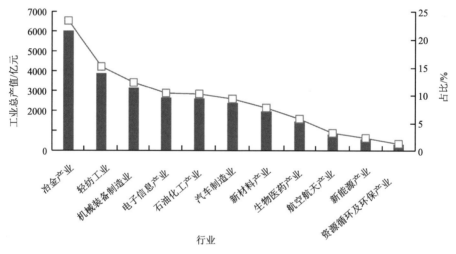

图 3-13　2015 年按行业分天津优势产业基本情况

资料来源：《天津统计年鉴 2016》

3）第三产业结构变动及重点产业发展

2005 年以来，天津第三产业发展速度较快（图 3-14），2014 年第三产业占比首次超过第二产业，成为天津主导产业。

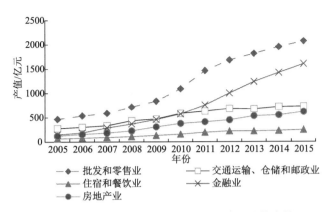

图 3-14 2005~2015 年天津第三产业主要行业基本情况

资料来源：2006~2016 年《天津统计年鉴》

近年来，天津一直十分注重产业结构调整，在经济和社会发展规划中，也将第三产业内部结构优化作为重要工作内容。金融、物流、科技服务、文化创意等是天津着力发展的产业门类，旨在通过相关产业发展，构建与现代化大都市地位相适应的现代服务经济体系。2015 年，天津第三产业增加值达到 8625.2 亿元，占全市 GDP 比重为 52.2%。其中，批发和零售业、金融业已成为带动天津经济发展的重要产业，尤其是 2009 年以后，两个行业增长速度加快，目前占第三产业增加值比重分别为 24% 和 18.6%。交通运输、仓储和邮政业，住宿和餐饮业，房地产业的增加值占第三产业比重相对较低，始终保持缓慢增长（图 3-15）。

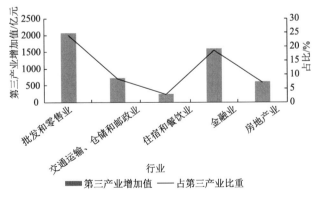

图 3-15 2015 年天津第三产业主要行业基本情况

资料来源：《天津统计年鉴 2016》

二、外围地区产业结构升级特征

长期以来，河北产业结构较为稳定，第一产业占 GDP 比重逐渐缩小，第二产业占 GDP 比重提高，第三产业占 GDP 比重较为稳定。2005~2015 年，第一、第二、第三产业增加值占 GDP 比重分别由 13.98%、52.66%、33.36%演进为 11.54%、48.27%、40.19%（图 3-16）。

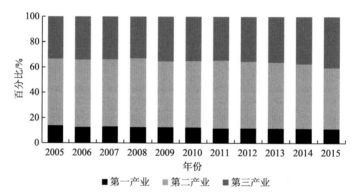

图 3-16　2005~2015 年河北三次产业变动情况

资料来源:《河北经济年鉴 2016》

河北三次产业结构变化除了依循产业结构发展的一般规律外，主要动力来自于产业结构调整升级战略。2005~2015 年，第一、第二、第三产业占 GDP 比重呈现较为稳定的发展趋势，2013~2014 年，全省战略性新兴产业、高新技术产业增加值增长 16%，服务业增加值增长 7.2%。

从三次产业对 GDP 的拉动看①，1990~2015 年，三次产业的拉动作用中（图 3-17），第一产业的拉动作用最小，相对稳定，对经济发展的影响较小；第二产业尤其是工业主导了地区经济发展，不过，2010 年后一直呈下降趋势；第三产业的拉动作用显著提高，发展较为稳定，2014 年超过第二产业，并保持增加趋势。2015 年，第一、第二和第三产业的拉动作用分别为 0.3%、2.5% 和 4%，其中，第二产业中工业的拉动作用为 2.1%，下降幅度较大。

---

① 三次产业拉动指 GDP 增长速度与各产业贡献率的乘积。

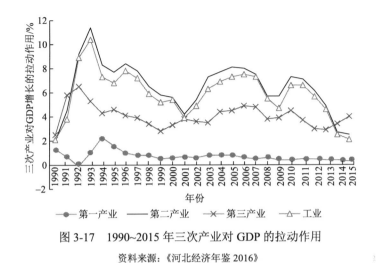

图 3-17 1990~2015 年三次产业对 GDP 的拉动作用

资料来源：《河北经济年鉴 2016》

1. 第一产业发展现状

河北是农业大省，第一产业在河北 GDP 中所占比重相对较大，2005 年以来，河北第一产业所占比重呈现缓慢下降，2015 年为 11.5%。第一产业增加值在 2005~2015 年保持增长趋势，2013 年之后增长较为缓慢（图 3-18）。北京和天津的农业发展由生产型向服务型转变，为河北对接京津、京津冀农业协同发展带来了新的发展机遇。

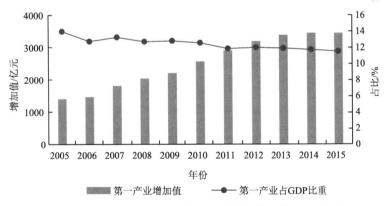

图 3-18 2005~2015 年河北第一产业增加值及占 GDP 比重

资料来源：《河北经济年鉴 2016》

2003~2015 年，河北农业、林业、牧业、渔业及其服务业产值除个别年份外整体逐年增长，2015 年产值均为 2003 年产值的 2~3 倍（图 3-19）。其中农牧业占据主导地位，在河北农林牧渔总产值中所占比重达到 90.7%，2003~2015 年，农牧业产值有较大幅度增长，2013 年之后产值变化不大。

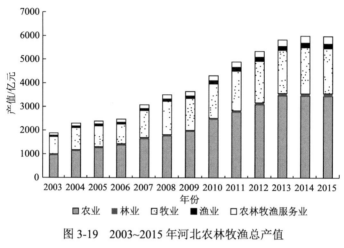

图 3-19　2003~2015 年河北农林牧渔总产值

资料来源：《河北经济年鉴 2016》

在京津冀协同发展进程中，河北农业除满足自身的需求外，还承担着服务京、津的重要角色，这也为地区发展带来了机遇。河北各城市第一产业发展存在一定差异（图3-20）。第一产业增加值省内占比排名前三的城市分别是唐山（16.6%）、石家庄（14.4%）、保定（12.6%）。2015年，唐山的第一产业增加值达到569.1亿元。河北第二产业的发展主要依靠唐山、石家庄、保定、沧州等城市带动，唐山是河北的工业大市，第二产业增加值省内占比达到23.3%，而秦皇岛的第二产业省内占比仅为3.1%。第三产业增加值省内占比最高的城市是省会石家庄，占比达到20.8%，其次为唐山，占比为18.1%，第三产业增加值占比相对较低的是承德、衡水等城市。

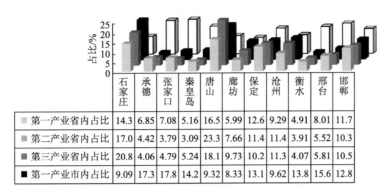

	石家庄	承德	张家口	秦皇岛	唐山	廊坊	保定	沧州	衡水	邢台	邯郸
▪ 第一产业省内占比	14.3	6.85	7.08	5.16	16.5	5.99	12.6	9.29	4.91	8.01	11.7
▪ 第二产业省内占比	17.0	4.42	3.79	3.09	23.3	7.66	11.4	11.4	3.91	5.52	10.3
▪ 第三产业省内占比	20.8	4.06	4.79	5.24	18.1	9.73	10.2	11.3	4.07	5.81	10.5
▪ 第一产业市内占比	9.09	17.3	17.8	14.2	9.32	8.33	13.1	9.62	13.8	15.6	12.8

图 3-20　2015 年河北各地级市三次产业增加值省内占比

资料来源:《河北经济年鉴 2016》

2. 第二产业结构变动及重点产业发展

2015 年,河北第二产业增加值达到 14 386.9 亿元,占全省 GDP 比重为 48.3%,其中工业增加值为 12 626.2 亿元,建筑业增加值为 1780.5 亿元,分别占第二产业增加值的 87.7%和 12.3%,近 10 年来较为稳定。从增长速度看,在 2006~2008 年工业增长率持续上升,受金融危机影响,2009 年下降明显,仅为 1.2%。但在 2010 年和 2011 年一度超过 15%,2011 年达到最高,为 23.2%。2011 年之后工业增长率与建筑业增长率下降幅度较大(图 3-21)。

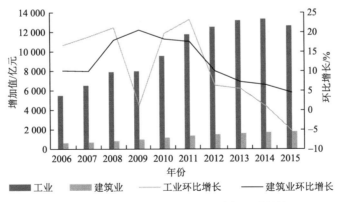

图 3-21　2006~2015 年河北工业和建筑业增长情况

资料来源:《河北经济年鉴 2016》

从工业内部结构看,2015 年,在规模以上工业企业总产值中(图 3-22),

黑色金属冶炼和压延加工业的总产值占比达到 22.3%，是河北的支柱产业。电力、热力生产和供应业，金属制品业，化学原料和化学制品制造业及农副食品加工业产值位居第二位至第五位，但所占份额与黑色金属冶炼和压延加工业有较大差距，分别为 6.1%、6%、5.9%和 4.8%，其中，占工业总产值比重超过 1%的行业共有 23 个，其他行业共占工业总产值的比重为 6.1%。整体来看，资源开采加工的行业如钢铁、化工等属于"高污染、高排放、高耗能"的"三高"行业依然是河北目前工业发展的重要支撑。

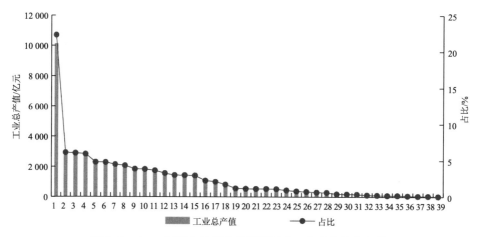

图 3-22　2015 年河北按行业分规模以上工业企业销售产值

资料来源：《河北经济年鉴 2016》

1-黑色金属冶炼和压延加工业；2-电力、热力生产和供应业；3-金属制品业；4-化学原料和化学制品制造业；5-农副食品加工业；6-汽车制造业；7-电气机械和器材制造业；8-非金属矿物制品业；9-黑色金属矿采选业；10-石油加工、炼焦和核燃料加工业；11-纺织业；12-专用设备制造业；13-通用设备制造业；14-橡胶和塑料制品业；15-皮革、毛皮、羽毛及其制品和制业；16-食品制造业；17-煤炭开采和洗选业；18-医药制造业；19-铁路、船舶、航空航天和其他运输设备；20-计算机、通信和其他电子设备制造；21-有色金属冶炼和压延加工业；22-造纸和纸制品业；23-酒、饮料和精制茶制造业；24-纺织服装、服饰业；25-文教、工美、体育和娱乐用品制造业；26-印刷和记录媒介复制业；27-家具制造业；28-木材加工和木、竹、藤、棕、草制品业；29-燃气生产和供应业；30-烟草制品业；31-石油和天然气开采业；32-非金属矿采选业；33-仪器仪表制造业；34-化学纤维制造业；35-废弃资源综合利用业；36-其他制造业；37-水的生产和供应业；38-有色金属矿采选业；39-金属制品、机械和设备修理业

3. 第三产业结构变动及重点产业发展

2015 年，河北第三产业增加值达到 11 979.8 亿元，占 GDP 比重为 40.2%，与国内发达省份相比还具有较大差距，服务业的规模和发展水平相对较低，

但从增加值发展趋势看,整体呈现逐年上升的特征(图 3-23)。从内部结构看,2005~2015 年,批发和零售业,交通运输、仓储和邮政业,住宿和餐饮业,金融业,房地产业增加值等均有增长。2015 年,批发和零售业增加值达到 2381.2 亿元,占第三产业增加值总量的 19.9%,位居第三产业第一位。紧随其后的是交通运输、仓储和邮政业,占比为 19.7%,此外,金融业、房地产业的增加值也均超过 1000 亿元。

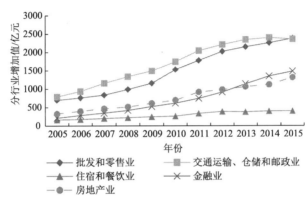

图 3-23 2005~2015 年河北第三产业主要行业增加值情况

资料来源:2006~2016 年《河北经济年鉴》

第二节 长三角都市圈产业结构升级的特征与趋势

一、都市圈中心城市产业结构升级特征

改革开放以来,上海产业结构变动的基本特征为第一、第二产业占 GDP 比重逐年下降,第三产业占 GDP 比重逐年上升。1978 年上海三次产业结构比为 4.0:77.4:18.6。1999 年,第三产业占 GDP 比重首次超过第二产业,成为城市经济的主导,此后上海第三产业占比整体呈现上升趋势,部分年份出现轻微波动,但始终高于第二产业,2015 年,上海三次产业结构比为 0.4:31.8:

67.8（图 3-24）。第三产业在提升上海经济总量水平、发展速度及城市综合竞争能力等方面发挥了重要的作用。

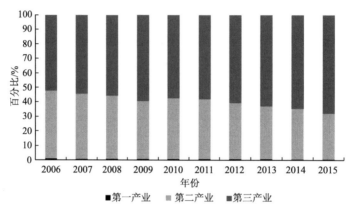

图 3-24　2006~2015 年三次产业结构变化情况

资料来源：《上海统计年鉴 2016》

1. 第一产业发展现状

2006~2015 年，上海第一产业增加值保持稳定，但占 GDP 比重不断下降（图 3-25），2011 年以后，第一产业占 GDP 比重下降速度增快。可以预见，未来上海的农林牧渔等第一产业功能将进一步弱化。

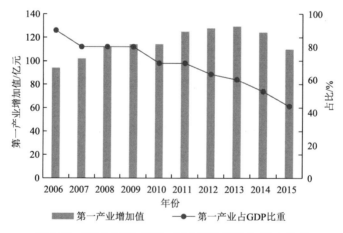

图 3-25　2006~2015 年第一产业增加值及占 GDP 比重

资料来源：《上海统计年鉴 2016》

2. 第二产业结构变动及重点产业发展

2006~2015 年，上海第二产业增加值缓慢增加至逐渐稳定，第二产业占
GDP 比重除 2010 年小幅增加外，整体呈下降趋势，第二产业占 GDP 比重由
2006 年的 47%下降到 2015 年的 31.8%（图 3-26）。

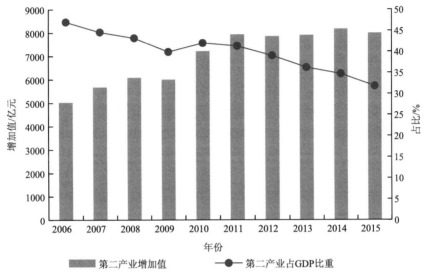

图 3-26　2006~2015 年第二产业增加值及占 GDP 比重

资料来源：《上海统计年鉴 2016》

目前，上海工业发展以电子信息产品制造业、汽车制造业、成套设备
制造业、石油化工及精细化工制造业、精品钢材制造业和生物医药制造业
为重点。2015 年，六个行业产值由高到低依次为电子信息产品制造业、汽
车制造业、成套设备制造业、石油化工及精细化工制造业、精品钢材制造
业、生物医药制造业。其中，精品钢材制造业和生物医药制造业的产值规
模相对较小（图 3-27）。石油化工及精细化工制造业和生物医药制造业的增
长速度较快，受钢铁行业供给侧结构性改革的影响，精品钢材制造业产值
降幅较大，电子信息产品制造业、汽车制造业的工业产值也出现了一定的
下降。

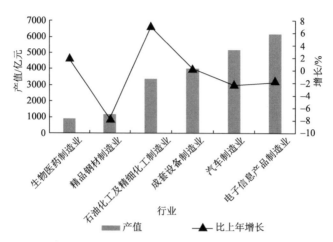

图 3-27　2015 年六个重点行业工业总产值及比上年增长

资料来源：《2015 年上海市国民经济和社会发展统计公报》

根据《上海市城市总体规划（2017~2035 年)》，上海未来将逐步疏解城市非核心功能，即提高安全、环保、能耗、土地、产出效益等准入标准，做强城市核心功能，逐步推动城市非核心功能向郊区及更大区域范围疏解。因此，可以预见随着产业结构调整升级，上海第二产业增加值及占 GDP 比重将进一步下降，中心城市与外围地区的产业错位发展也将推动长三角都市圈经济一体化进程。

3. 第三产业结构变动及重点产业发展

2006 年以来，上海第三产业增加值保持较快的速度增长，从 2006 年的 5244.2 亿元增长到 2015 年的 17 022.6 亿元。第三产业占 GDP 比重也逐年上升，2006~2015 年，第三产业占 GDP 比重增长了 15.7%（图 3-28）。

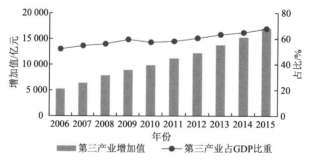

图 3-28　2006~2015 年第三产业增加值及占 GDP 比重

资料来源：《上海统计年鉴 2016》

分行业来看，金融业与批发和零售业在第三产业中占据主导地位，增加值远高于其他行业。2015 年，金融业增加值为 4162.7 亿元，增加值排在第二位的是批发和零售业，达到 3824.2 亿元。房地产业，租赁和商务服务业，信息传输、软件和信息技术服务业，交通运输、仓储和邮政业增加值均突破 1000 亿元（图 3-29）。

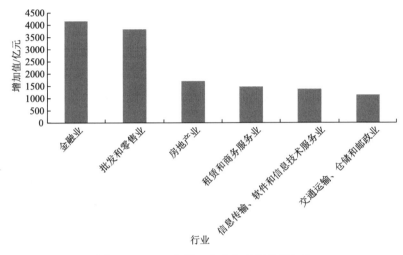

图 3-29　2015 年第三产业主要行业增加值

资料来源：《上海统计年鉴 2016》

根据《上海市城市总体规划（2017-2035 年）》，未来上海将聚焦具有全球影响力的科技创新中心建设，加快建立以科技创新与战略性新兴产业引领、现代服务业为主体、先进制造业为支撑的新型产业体系。

二、外围地区产业结构升级特征

长三角都市圈外围城市由江苏南京、无锡、常州、苏州、南通、盐城、扬州、镇江、泰州，浙江杭州、宁波、嘉兴、湖州、绍兴、金华、舟山、台州，安徽合肥、芜湖、马鞍山、铜陵、安庆、滁州、池州、宣城共 25 个城市构成。长三角都市圈外围区域在 2010~2015 年，第一产业占 GDP 比重不断下降，第三产业占 GDP 比重不断增加，2010 年长三角外围区域三次产业结构比

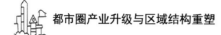

为 5.09：53.80：41.11，2015 年，三次产业结构比为 4.37：47.66：47.97。将外围城市按所在行政区域分成三组来看，江苏和浙江三次产业结构为"三、二、一"，即第三产业占据主导位置，安徽则以第二产业为主，2015 年，安徽八个城市三次产业结构比为 7.58：53.21：39.21（图 3-30）。

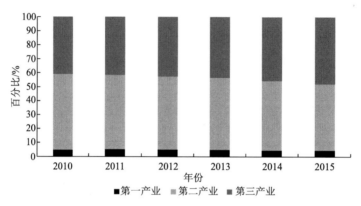

图 3-30　外围城市三次产业结构变动情况

资料来源：2011~2016 年《安徽统计年鉴》、2011~2016 年《江苏统计年鉴》、2011~2016 年《浙江统计年鉴》

1. 第一产业发展现状

2010~2015 年，安徽八个城市第一产业增加值整体呈上升趋势，而第一产业占 GDP 比重逐年下降，近年来下降速度加快（图 3-31）。

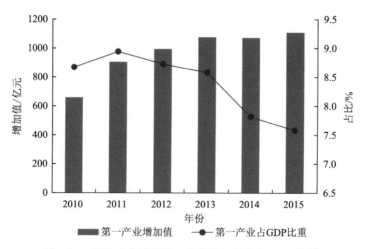

图 3-31　安徽八个城市第一产业增加值及占 GDP 比重

资料来源：《安徽统计年鉴 2016》

江苏九个城市第一产业占 GDP 比重不断下降（图 3-32）。2010 年，九个城市第一产业增加值为 1537.8 亿元，占 GDP 比重为 4.4%，2015 年第一产业增加值为 2197.5 亿元，占 GDP 比重为 3.7%。

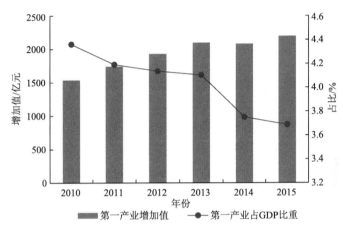

图 3-32　江苏九个城市第一产业增加值及占 GDP 比重

资料来源：2011~2016 年《江苏统计年鉴》

2010 年以来浙江八个城市第一产业增加值整体呈增加趋势，但增长速度较慢。与此同时，第一产业占 GDP 比重逐渐减少，2010 年八个城市的第一产业占 GDP 比重为 5%，2013 年之后，下降速度进一步加快，2015 年第一产业占 GDP 比重为 4.2%（图 3-33）。

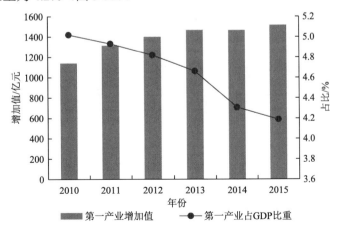

图 3-33　浙江八个城市第一产业增加值及占 GDP 比重

资料来源：2011~2016 年《浙江统计年鉴》

2. 第二产业结构变动及重点产业发展

整体来看，2010~2015 年，安徽八个城市第二产业增加值呈现上升趋势，第二产业占 GDP 比重由上升变为下降，其中 2015 年下降最为明显，降幅为 4.03%（图 3-34）。

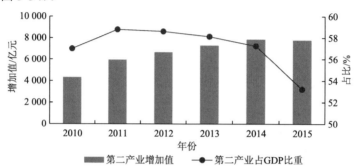

图 3-34　安徽八个城市第二产业增加值及占 GDP 比重

资料来源：2011~2016 年《安徽统计年鉴》

工业在安徽八个城市中占据举足轻重的地位，2015 年，合肥工业增加值最高，为 2378.4 亿元，芜湖工业增加值为 1273 亿元，居于第二位，马鞍山、安庆、滁州、铜陵工业增加值均在 500 亿元以上（图 3-35）。

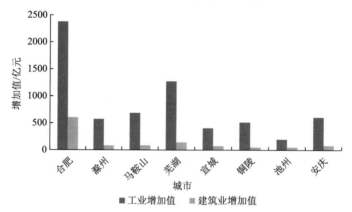

图 3-35　2015 年安徽八个城市工业、建筑业增加值

资料来源：《安徽统计年鉴 2016》

随着产业结构的不断调整，江苏九个城市第二产业占 GDP 比重呈快速下降趋势，增加值则逐渐上升（图 3-36）。2010~2015 年，第二产业占 GDP 比重

由 53.8%下降到 47.2%，2015 年，九个城市第二产业增加值之和达到 28 126.5
亿元，其中苏州第二产业增加值为 7045.1 亿元，位居九个城市之首，优势明
显，其次为南京，第二产业增加值 3916.8 亿元。2015 年，九个城市工业增加
值均在 1500 亿元以上，苏州工业增加值最高，达到 6490.44 亿元。南京、无锡
位居第二、第三位，增加值分别为 3395.3 亿元、3837.3 亿元。从轻重工业产值
来看（图 3-37），重工业占据主导地位，2015 年，各个城市中重工业产值占工
业产值比重在 65%以上，其中镇江重工业产值占比为 82.8%，苏州重工业产值
最高，远超过其他城市，对带动区域经济发展起到了重要作用。

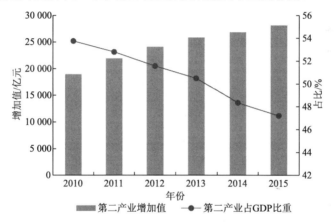

图 3-36 江苏省九个城市第二产业增加值及占 GDP 比重

资料来源：2011~2016 年《江苏统计年鉴》

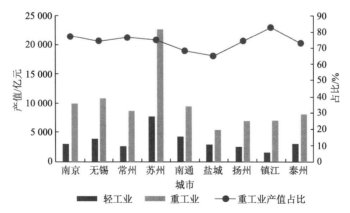

图 3-37 2015 年江苏九个城市轻重工业产值及重工业占比

资料来源：《江苏统计年鉴 2016》

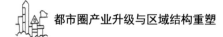

总体来看，浙江八个城市第二产业增加值不断增加，第二产业占 GDP 比重呈迅速下降趋势（图 3-38）。2010 年八个城市第二产业增加值为 11 969.6 亿元，占 GDP 比重为 52.8%，2015 年，第二产业增加值为 16 698.3 亿元，占 GDP 比重为 46.2%，下降了 6.6 个百分点。

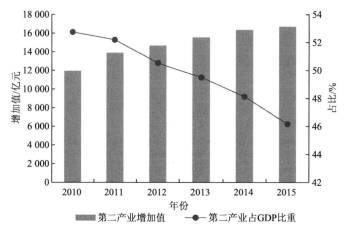

图 3-38　浙江八个城市第二产业增加值及占 GDP 比重

资料来源：2011~2016 年《浙江统计年鉴》

2015 年，宁波工业增加值最高，为 3632.9 亿元，杭州紧随其后，增加值为 3497.8 亿元，绍兴位居第三，增加值为 1957.3 亿元；舟山工业增加值最低，为 356.2 亿元（图 3-39）。

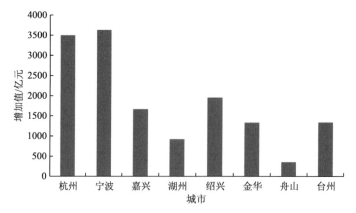

图 3-39　2015 年浙江八个城市工业增加值

资料来源：《浙江统计年鉴 2016》

3. 第三产业结构变动及重点产业发展

2010 年以来，安徽八个城市第三产业增加值增长较快，占比整体呈上升趋势（图 3-40）。第三产业增加值由 2010 年的 2608.4 亿元增加至 2015 年的 5737.6 亿元，增长了一倍多。从各个城市来看，合肥优势明显，2015 年第三产业增加值为 2419.6 亿元，占 GDP 比重为 42.7%，但是仍然低于第二产业。2015 年，芜湖第三产业增加值位居第二，达到 931.9 亿元，其余六个城市第三产业增加值不足 600 亿元，第三产业发展较缓慢。从第三产业内部行业来看（图 3-41），生产性服务业发展较为滞后，生活性服务业所占比重较大。2015 年，批发和零售业，金融业，交通运输、仓储和邮政业，房地产业，住宿和餐饮业增加值占 GDP 比重相对较高，其中批发和零售业与金融业的增加值超过了 800 亿元。分城市看，各行业增加值前两位城市都是合肥和芜湖，可见，两个城市第三产业发展水平较高，产业规模较大，处于区域产业结构的较高层次。

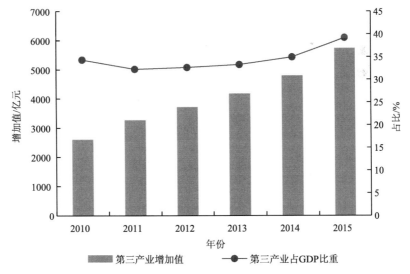

图 3-40　安徽八个城市第三产业增加值及占 GDP 的比重

资料来源：2011~2016 年《安徽统计年鉴》

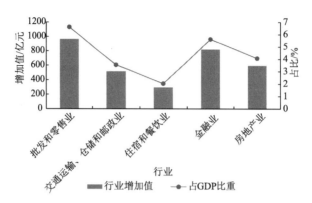

图 3-41 2015 年安徽八个城市第三产业主要行业增加值及占 GDP 比重

资料来源：《安徽统计年鉴 2016》

江苏九个城市第三产业发展迅速，整体来看，2010~2015 年，第三产业增加值逐年增加，由 2010 年的 14 769.2 亿元增加至 2015 年的 29 260.4 亿元，第三产业占 GDP 比重不断上升，2015 年占 GDP 比重为 49.1%，环比增加了 1.2 个百分点，2015 年第三产业增加值首次超过第二产业，成为经济主导（图 3-42）。分行业来看（图 3-43），2015 年，批发和零售业，金融业，房地产业，租赁和商务服务业，交通运输、仓储和邮政业增加值位居第三产业各行业增加值前五位。其中，批发和零售业及金融业增加值最高，九个城市批发和零售业增加值达到 7118.4 亿元，占 GDP 比重为 11.9%；金融业增加值为 4335.8 亿元，占 GDP 比重为 7.3%；房地产业增加值为 3466.3 亿元，占 GDP 比重为 5.8%。

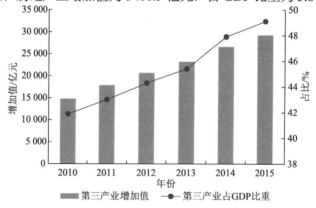

图 3-42 江苏九个城市第三产业增加值及占 GDP 比重

资料来源：2011~2016 年《江苏统计年鉴》

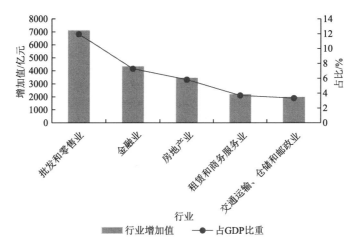

图 3-43 2015 年江苏九个城市第三产业主要行业增加值及占 GDP 比重

资料来源:《江苏统计年鉴 2016》

浙江八个城市第三产业发展迅速,整体来看,第三产业增加值不断增加,占 GDP 比重不断升高(图 3-44)。2010 年,第三产业增加值为 9567.7 亿元,2015 年达到 17 957.6 亿元,第三产业占 GDP 比重由 2010 年的 42.2%增长到 2015 年的 49.6%,并于 2015 年首次超过第二产业,成为经济主导。2015 年,八个城市中,杭州第三产业增加值最高,为 5853.3 亿元,宁波位居第二位,增加值为 3620.7 亿元,绍兴位居第三位,增加值为 2014.2 亿元,最低的是舟山,增加值为 532.2 亿元,不足杭州的 1/10。

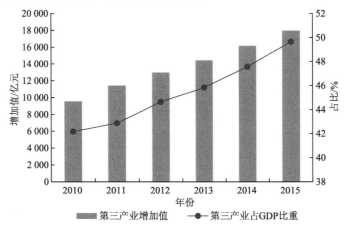

图 3-44 浙江八个城市第三产业增加值及占 GDP 比重

资料来源:2011~2016 年《浙江统计年鉴》

第三节　珠三角都市圈产业结构升级的特征与趋势

一、都市圈中心城市产业结构升级特征

1. 广州产业结构升级特征

改革开放以来，广州产业结构变动的基本特征为，第一、第二产业所占比重逐渐下降，第三产业所占比重逐年上升。1978 年广州三次产业结构比为 11.7：58.6：29.7，1989 年第三产业所占比重首次超过第二产业。此后，在 1989~1993 年，这一占比出现一定的波动，在 1993 年以后，第三产业一直保持较快的增长态势，成为广州的经济主导，在提升广州经济总量水平、发展速度、城市综合竞争力等方面发挥了重要作用（图 3-45）。2008 年广州人均 GDP 首次突破 1 万美元，标志着广州经济社会整体发展已达世界中等发达国家水平。截至 2015 年，广州三次产业结构比为 1.3：31.6：67.1，三次产业贡献率为 0.3：29.2：70.5。

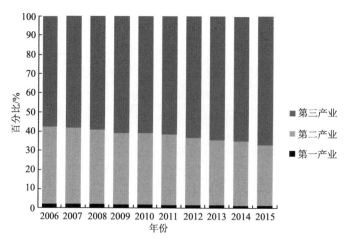

图 3-45　2006~2015 年广州三次产业结构变化

资料来源：《广州统计年鉴 2016》

1）第一产业发展现状

2006~2015 年，广州第一产业占 GDP 比重逐年下降，同时第一产业增加值整体呈上升趋势，部分年份有一定波动，近年来增加值波动区间相对稳定，2015 年增加值为 226.8 亿元，占 GDP 比重为 1.3%（图 3-46）。广州农业具有较高的土地产出率和资源利用率，该市提出以都市型现代农业为目标，并通过夯实农业的基础地位，加快培育发展农业新型业态，全力提升农业设施水平，提高农业科技和信息化水平，以及构建多样化新型农业经营体系[1]实现。

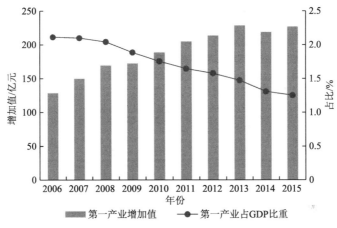

图 3-46　2006~2015 年广州第一产业增加值及占 GDP 比重

资料来源：《广州统计年鉴 2016》

2）第二产业结构变动及重点产业发展

改革开放后，广州第二产业迅速发展（图 3-47），2006~2015 年，第二产业保持稳定增长，平均增长速度为 10.9%，2015 年，广州第二产业增加值为 5726.1 亿元，相对上年增长 2.4%，占 GDP 比重为 31.6%。一直以来，第二产业是广州 GDP 增长的重要来源，总体来看，2000 年以前，第二产业对 GDP 增长的贡献率大于第三产业，1991~1999 年，第二产业贡献率都在 50%以上，与第三产业相比，贡献率逐渐降低，2015 年贡献率降至 29.2%。

---

[1]《广州市国民经济和社会发展第十三个五年规划纲要（2016—2020 年）》。

在三次产业结构调整升级的过程中，广州第二产业结构不断向高端化发展，先进制造业和高技术制造业的增速一直高于整体工业水平，对带动第二产业发展发挥了重要作用。2015年，先进制造业、高技术制造业增加值分别增长8.8%和19.4%，增速分别高于规模以上工业总产值1.6个和12.2个百分点。高技术制造业增加值占规模以上工业比重为11.7%，同比提高0.1个百分点。

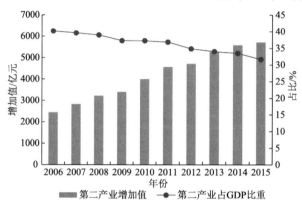

图 3-47 2006~2015 年第二产业增加值及占 GDP 比重

资料来源：《广州统计年鉴 2016》

广州三大支柱产业分别为汽车制造业、电子产品制造业和石油化工制造业。2015年三大支柱产业总产值为9014.89亿元，占全市工业总产值的48.25%，其中汽车制造业工业总产值最高，达到3930.79亿元，电子产品制造业和石油化工制造业工业总产值规模相差不大，均超过2500亿元（图3-48）。

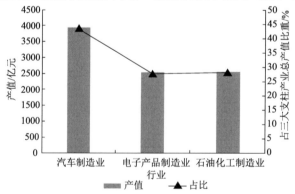

图 3-48 三大支柱产业产值及占工业总产值比重

资料来源：《广州统计年鉴 2016》

3）第三产业产业结构变动及重点产业发展

依据各产业增加值占 GDP 比重，以 1994 年为分界点，广州第三产业占 GDP 比重超过第二产业，成为主导产业。2015 年，广州第三产业增加值为 12 147.5 亿元，占 GDP 比重为 67.1%，环比增长 9.4%，高于第二产业增长速度（图 3-49）。

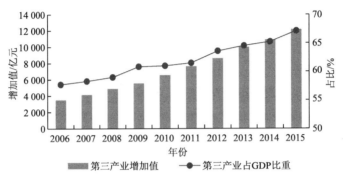

图 3-49　广州第三产业增加值及占 GDP 比重

资料来源：《广州统计年鉴 2016》

2015 年，第三产业中批发和零售业增加值最高，为 2697.3 亿元；金融业位居第二位，增加值为 1628.7 亿元；房地产业，租赁和商务服务业，交通运输、仓储和邮政业增加值均超过 1000 亿元（图 3-50）。

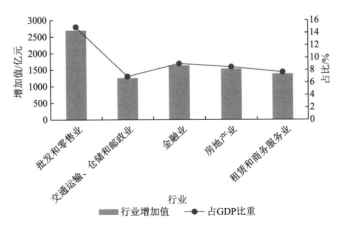

图 3-50　2015 年广州第三产业主要行业增加值及占 GDP 比重

资料来源：《广州统计年鉴 2016》

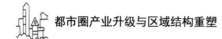

2. 深圳产业结构升级特征

1979 年以来，深圳产业结构变动的基本特征为，第一产业占 GDP 比重不断减小，第二产业占 GDP 比重逐年下降，第三产业占 GDP 比重逐年上升（图 3-51）。2008 年深圳第三产业占 GDP 比重为 50.3%，2015 年达到 58.8%，成为深圳主导产业。2015 年，深圳 GDP 达 17 502.9 亿元，位居全国地级市第四位，环比增长 8.9%，第二产业和第三产业贡献率分别为 37.1% 和 62.9%。

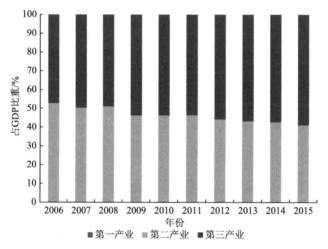

图 3-51　2006~2015 年深圳三次产业变动情况

资料来源：2007~2016 年《广东统计年鉴》

1）第一产业发展现状

深圳第一产业增加值呈现下降趋势，2015 年，深圳第一产业占 GDP 比重不足 0.1%（图 3-52）。随着深圳城市功能定位不断升级，城市人口数量不断增加，农业土地不断减少，有限的农业土地地块分散，难以进行规模化和集约化生产。近年来，深圳提出大力发展都市现代农业，鼓励发展融休闲度假、旅游观光、生态创意、养生养老、种养采摘垂钓体验、特色农产品展销、拓展训练、会展商务等为一体的都市休闲农业新业态，农业为工业和服务业发展提供了有力支持。

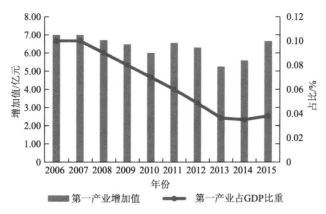

图 3-52　2006~2015 年深圳第一产业增加值及占 GDP 比重

资料来源：《深圳统计年鉴 2016》

2）第二产业结构变动及重点产业发展

2006~2015 年，第二产业增加值逐年增加，但增长率有所减缓，2015 年，深圳第二产业增加值为 7207.9 亿元，占 GDP 比重为 41.2%（图 3-53）。

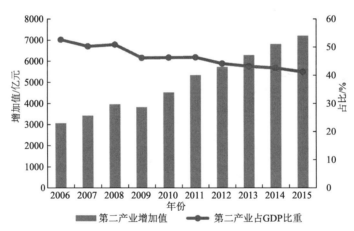

图 3-53　2006~2015 年第二产业增加值及占 GDP 比重

资料来源：《深圳统计年鉴 2016》

3）第三产业结构变动及重点产业发展

1979 年以来，深圳第三产业增加值不断增加，2015 年达到 10 288.2 亿元，比同期第二产业高出 3080.3 亿元。2006~2015 年，深圳第三产业占 GDP 比重整体呈现增长趋势，已经成为深圳经济社会发展的主导产业（图 3-54）。

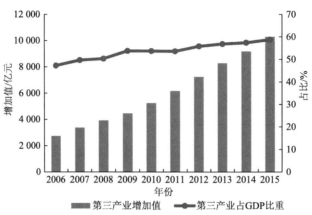

图 3-54　2006~2015 年深圳第三产业增加值及占 GDP 比重

资料来源:《深圳统计年鉴 2016》

在深圳第三产业中,金融业增加值最高,其次为批发和零售业、房地产业,远高出其他行业。信息传输、软件和信息技术服务业与交通运输、仓储和邮政业的增加值也超过 500 亿元(图 3-55)。此外,文化创意产业、高新技术产业、现代物流业和金融业已成为深圳第三产业发展的重点。

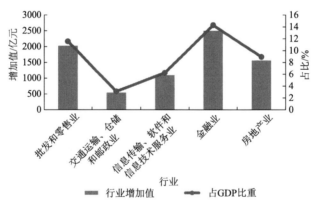

图 3-55　2015 年深圳第三产业主要行业增加值及占 GDP 比重

资料来源:《深圳统计年鉴 2016》

二、外围地区产业结构升级特征

珠三角都市圈外围城市包括肇庆、珠海、江门、中山、惠州、东莞、佛山七个城市。将七个城市当作一个整体来看，第一产业占 GDP 比重较低，第二产业占 GDP 比重最高，从变化趋势来看，2007~2015 年，第二产业占 GDP 比重逐渐下降，第三产业占 GDP 比重逐渐上升，第一产业变化趋势不明显，2015 年，三次产业结构比为 3.1：53.4：43.5，以第二产业为主导（图 3-56）。

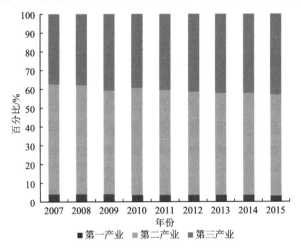

图 3-56　2007~2015 年珠三角都市圈外围城市三次产业结构变化情况

资料来源：2008~2016 年《广东统计年鉴》

珠三角都市圈外围的七个城市之间差异较大，其中，佛山和东莞 GDP 较高，2015 年，佛山 GDP 为 8004 亿元，东莞 GDP 为 6275.1 亿元，二者 GDP 之和大于另外五个城市 GDP 之和，经济实力优势明显（图 3-57）。

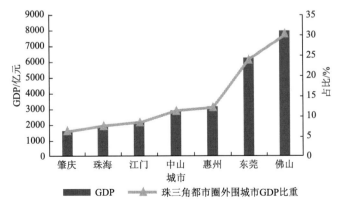

图 3-57　2015 年珠三角都市圈外围城市 GDP 及占 GDP 比重

资料来源：《广东统计年鉴 2016》

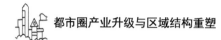

从各城市内部产业结构来看，东莞第一产业占 GDP 比重最低，为 0.3%，第三产业占 GDP 比重超过第二产业，是七个城市中唯一一个以第三产业为主导的城市；珠海第二产业占 GDP 比重和第三产业占 GDP 比重较为接近，分别为 49.7% 和 48%；佛山第二产业占 GDP 比重达到 60% 以上，是城市经济的主导；肇庆第一产业占 GDP 比重较大，为 13.8%（图 3-58）。从产业结构变化趋势看，各城市产业结构不断优化，第三产业占 GDP 比重不断提高（除肇庆），东莞第三产业占 GDP 比重由 2007 年的 42.8% 增长为 2015 年的 53.1%，增长幅度最大。肇庆第二产业占 GDP 比重不断增大，2014 年，以工业为主体的第二产业占 GDP 比重首次突破 50%，第三产业占 GDP 比重逐年下降，由 2007 年的 42.5% 下降至 2015 年的 35.1%。

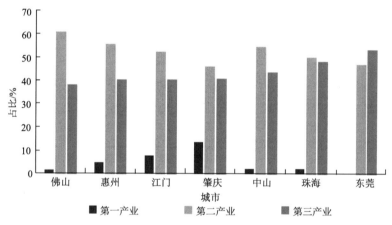

图 3-58　2015 年珠三角都市圈外围城市产业结构对比

资料来源：《广东统计年鉴 2016》

1. 第一产业发展现状

广东第一产业占 GDP 比重很小，2015 年已不足 5%，七个城市内部第一产业增加值占比也相对较小，除肇庆外，其他城市均不足 10%。从农林牧渔业产值来看，肇庆产值最高，其中林业产值尤为突出，渔业产值相对较小；惠州整体产值居中，农业产值所占比重相对较高；东莞农林牧渔业产值在外围城市中最低（图 3-59）。

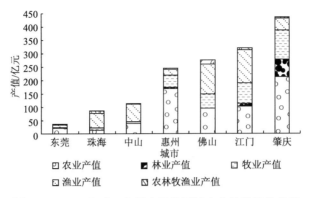

图 3-59　2015 年珠三角都市圈外围城市农林牧渔业产值

资料来源：《广东统计年鉴 2016》

2. 第二产业结构变动及重点产业发展

近年来，珠三角都市圈外围七个城市第二产业增加值不断增加，工业和建筑业增加值都呈现增长趋势（图 3-60）。2015 年，七个城市第二产业增加值总量达到 14 064.4 亿元，占七个城市 GDP 之和的 53.4%，其中工业增加值总量为 13 554.3 亿元，占第二产业增加值总量的 96.3%。分城市看，佛山工业增加值最高，占该市第二产业增加值的 96.6%，肇庆工业增加值最低，占该市第二产业增加值的 94%。

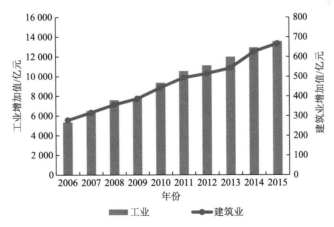

图 3-60　2006~2015 年珠三角都市圈外围城市工业和建筑业增加值

资料来源：2007~2016 年《广东省统计年鉴》

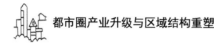
从轻重工业看（图 3-61），2015 年七个城市整体重工业产值占工业总产值的比重为 56.4%，分城市看，大部分城市重工业产值占工业总产值的比重在 50%以上，惠州达到 74%，重工业占比最高，而中山以轻工业为主，占该市工业总产值的比重为 56.9%。

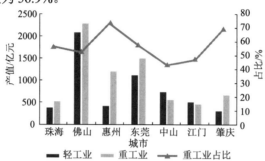

图 3-61　2015 年珠三角都市圈外围城市轻重工业产值及占比

资料来源：《广东统计年鉴 2016》

从工业内部结构看（图 3-62），2015 年产值最高的五个行业依次为计算机、通信和其他电子设备制造业，产值为 2093 亿元，占工业总产值的比重为 15%；电气机械和器材制造业，产值为 1881.9 亿元，占工业总产值的比重为 14%；金属制品业，产值为 819 亿元，占工业总产值的比重为 6%；电力、热力生产和供应业，产值为 684 亿元，占工业总产值的比重为 5%；化学原料和化学制品制造业，产值为 672.1 亿元，占工业总产值的比重为 5%。

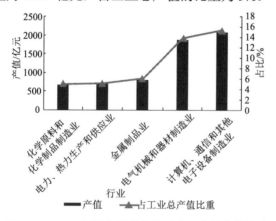

图 3-62　2015 年五大行业产值及占工业总产值比重

资料来源：《广东统计年鉴 2016》

从先进制造业和高技术制造业来看，佛山先进制造业具有较大优势，2015年增加值为1451.2亿元；东莞在七个城市中占据一定优势，2015年该市先进制造业和高技术制造业增加值分别为1208.6亿元和869.2亿元；惠州现代产业增加值占规模以上工业比重最高，先进制造业占比为62.2%，高技术制造业占比为40.5%，第二产业高级化进程较快（图3-63）。

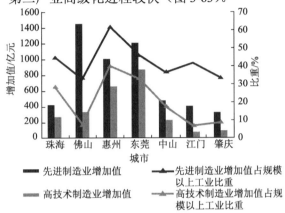

图3-63　2015年珠三角都市圈外围城市现代产业增加值及比重

资料来源：《广东统计年鉴2016》

3. 第三产业结构变动及重点产业发展

2000年，七个城市第三产业增加值水平接近。2005~2010年，东莞和佛山第三产业迅速发展，优势明显。2010~2015年，东莞与佛山继续领先，第三产业增加值增长平稳，东莞的领先地位逐渐确立（图3-64）。

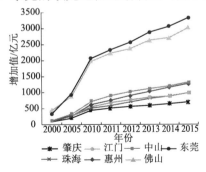

图3-64　2000~2015年珠三角都市圈外围城市第三产业增加值变动情况

资料来源：《广东统计年鉴2016》

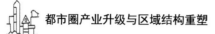

从第三产业内部主要行业来看，批发和零售业，金融业，房地产业，交通运输、仓储和邮政业增加值不断增加，2015 年增加值分别为 2497.7 亿元、1352.1 亿元、1899.3 亿元和 819.2 亿元。住宿和餐饮业增加值在 2014 年相比于上年有所下降，2015 年略有回升，增加值为 461.6 亿元（图 3-65）。

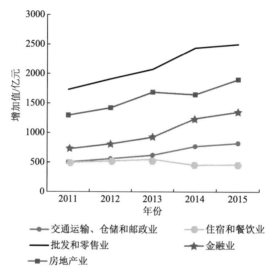

图 3-65　2011~2015 年珠三角都市圈外围城市第三产业主要行业增加值

资料来源：2012~2016 年《广东统计年鉴》

第四节　本 章 小 结

通过对京津冀、长三角、珠三角三大都市圈产业结构升级特征和趋势的分析可以看到，三大都市圈的产业结构升级符合全球化和区域一体化条件下，地区产业结构升级和都市圈产业结构升级的一般规律。主要表现在以下方面：一是都市圈内的中心城市已经处于产业结构演进的高级阶段，即以第三产业为主导的"三、二、一"产业结构格局。具体地，这些中心城市的第二产业仍具有相当规模，并多以高技术产业和先进制造业等高附加值的产业门类为主导，第三产业的发展则以生产性服务业为主导，文化创意产业的发展也占有相当大的比重。二是都市圈外围地区多以第二产业为主导，个别等级较高的城市中出现第三产业高于第二产业的发展特征。三是都市圈产业结构升级呈现"中心"带动"外围"的格局，中心城市和外围地区在产业结构发展中的差异性和不平衡性，使得中心城市存在向外围地区产业梯度转移的诉求，同时，在中心城市由生产型向服务型转变的过程中，外围地区存在产业承接的动力，并在产业分工中扮演着支持中心城市的角色。

第四章

都市圈产业结构升级与区域职能结构演进

本章从宏观发展阶段和基于具体产业门类的区域职能结构特征两个角度，对比分析三大都市圈产业结构升级对区域职能结构的影响。首先，工业化和城镇化所处阶段是认识都市圈基本状态的指标；其次，选择制造业、生产性服务业和文化创意产业为代表性产业，分析产业结构升级引起的都市圈职能结构在经济和空间方面的表现。

第一节 三大都市圈所处工业化、城镇化阶段比较

一、三大都市圈所处工业化发展阶段比较

为了全面分析三大都市圈所处的工业化发展阶段，参考已有文献（陈佳贵等，2007；冯飞等，2012），本研究采用复合指标法，综合考虑人均 GDP、三次产业产值结构、第一产业从业人员占比、城镇化率等指标，分析该区域

的工业化特征（表 4-1）。

表 4-1 工业化不同阶段的标志值

基本指标	前工业化阶段	工业化实现阶段			后工业化阶段
		工业化初期	工业化中期	工业化后期	
人均 GDP 2005 年美元（PPP）	745~1 490	1 490~2 980	2 980~5 960	5 960~11 170	11 170 以上
三次产业产值结构（产业结构）	A>1	A>20%，A<I	A<20%，I>S	A<10%，I>S	A<10%，I<S
第一产业从业人员占比（就业结构）	60%以上	45%~60%	30%~45%	10%~30%	10%以下
城镇化率（空间结构）	30%以下	30%~50%	50%~60%	60%~75%	75%以上

资料来源：陈佳贵等，2007
注：A 代表第一产业，I 代表第二产业，S 代表第三产业，PPP 表示购买力平价

通过以上指标衡量（表 4-2），京津冀和长三角都市圈处于工业化后期，珠三角已进入后工业化阶段。从中心城市来看，北京、天津、上海、广州、深圳五个城市均已进入后工业化阶段。

表 4-2 三大都市圈及其中心城市发展阶段相关指标

地区	三次产业产值结构	第一产业从业人员占比/%	城镇化率/%	人均 GDP/美元	综合评价
北京	0.6：19.7：79.7	4.20	87	26 246.7	后工业化阶段
天津	1.3：46.5：52.2	7.40	83	25 258.1	后工业化阶段
河北	11.5：48.3：40.2	32.95	51	9 536.6	工业化中期
京津冀	5.46：38.4：56.14	23.86	63	14 999.7	工业化后期
上海	0.4：31.8：67.8	3.38	88	25 029.7	后工业化阶段
长三角	3.6：44.7：51.7	15.45	69.4	20 331.9	工业化后期
广州	1.3：31.6：67.1	7.75	86	32 396.0	后工业化阶段
深圳	0：41.2：58.8	0.01	100	36 375.1	后工业化阶段
珠三角	1.8：43.6：54.6	9.02	85	25 683.3	后工业化阶段

资料来源：《北京统计年鉴 2016》《天津统计年鉴 2016》《河北统计年鉴 2016》《上海统计年鉴 2016》《浙江统计年鉴 2016》《江苏统计年鉴 2016》《安徽统计年鉴 2016》《广东统计年鉴 2016》

1. 京津冀都市圈工业化发展

2015 年，京津冀区域三次产业产值结构为 5.46∶38.4∶56.14，第三产业占据主导地位，第一产业从业人员占比为 23.86%，高于长三角和珠三角；城镇化率为 63%，人均 GDP 为 14 999.7 美元，也低于其他两个区域的平均水平。整体来看，京津冀都市圈处于工业化后期向后工业化阶段发展的过渡时期。

其中北京、天津两市作为区域的中心城市已经进入后工业化阶段，具体地，北京第一产业占比为 0.6%，第三产业占比为 79.7%，现代服务业较为发达。天津也已进入后工业化阶段，第三产业超过第二产业，但两者相差较小。河北则正处于工业化发展的中期阶段，分别体现在第一产业占比为 11.5%，第一产业从业人员占比为 32.95%，城镇化率为 51%，均符合工业化中期的发展特征。京津之间的廊坊和河北省会石家庄处于工业化后期；都市圈重要的工业城市唐山处于向后工业化过渡的阶段；其他城市仍处于工业化中期，综合来看，各城市之间的差距较大。从空间结构来看，京津及其周围的工业化水平较高，同时，石家庄的工业化水平也高于河北其他城市。

2. 长三角都市圈工业化发展

2015 年，长三角区域第三产业占比最高，其中第一产业占比小于京津冀，且第一产业从业人员占比仅为 15.45%，也远低于京津冀的 23.86%，城镇化率为 69.4%，人均 GDP 为 20 331.9 美元，多数指标介于京津冀和珠三角都市圈之间，综合各项指标可以判断，长三角都市圈处于工业化后期向后工业化阶段过渡时期。

长三角都市圈整体工业化水平较高，其中上海已经进入后工业化阶段，三次产业产值结构比为 0.4∶31.8∶67.8，第一产业从业人员占比为 3.38%，人均 GDP 为 25 029.7 美元。苏州、无锡、杭州、南京四市已进入向后工业化过渡的阶段，仅有个别指标不符合后工业化阶段的发展特点，分别是苏州的城镇化率相对较低，无锡的第三产业占比仍低于第二产业，杭州与南京的第一

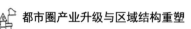

产业占比仍在 10% 以上。共有 13 个城市已经进入工业化后期，包括宁波、嘉兴等市。此外，还有 5 个城市处于向工业化后期过渡的阶段，3 个城市处于工业化中期。综合来看，第三产业在经济发展中的地位低于第二产业是制约长三角工业化进程的主要限制因素。

从空间结构来看，沿海城市的工业化程度更高，位于江苏和浙江两省的城市多处于工业化后期，而安徽八个城市除芜湖外，主要处于工业化中期和向工业化后期的过渡阶段，整体工业化水平相对较低。另外，以上海为核心，工业化水平呈现沿圈层逐层递减的特征。

3. 珠三角都市圈工业化发展

2015 年，珠三角都市圈人均 GDP 达到 25 683.3 美元，处于三大都市圈首位，其中，三次产业产值结构比为 1.8：43.6：54.6，第一产业占比仅为 1.8%，第一产业从业人员占比仅为 9.02%，也是三大都市圈中最低的，综合各项指标判断，珠三角都市圈处于后工业化阶段。

从都市圈工业化发展的内部结构看，珠三角各城市之间的工业化水平相差较大，其中广州、深圳、东莞三市已进入后工业化阶段；珠海、佛山、中山三市处于向后工业化过渡的阶段，第三产业占比依然低于第二产业，服务业发展尚不充分，其他指标均符合后工业化阶段的发展特征。此外，惠州和江门两市处于工业化后期，肇庆仍处于工业化中期。

从空间分布结构来看，珠三角核心区域的工业化水平较高，深圳、东莞和广州三市毗邻香港，区域优势更为明显，均处于后工业化阶段；珠海、中山、佛山三市均处于向后工业化过渡的阶段，总体来看，珠三角外围的城市工业化水平相对较低。

二、三大都市圈所处城镇化发展阶段比较

城镇化水平是反映一个地区经济社会发展水平的重要指标。在对三大

都市圈工业化总体水平和内部发展均衡结构分析的基础上，利用城镇化水平的基本测度指标，对京津冀、长三角、珠三角三大都市圈的城镇化水平进行比较。

2009~2016 年，三大都市圈城镇化发展均保持稳定增长趋势，长三角和珠三角都市圈的增速较高。从城镇化水平来看，三大都市圈均高出全国城镇化水平，珠三角的城镇化发展水平高于长三角和京津冀，这一差距呈逐渐缩小趋势（图 4-1）。

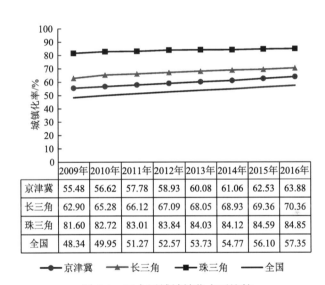

	2009年	2010年	2011年	2012年	2013年	2014年	2015年	2016年
京津冀	55.48	56.62	57.78	58.93	60.08	61.06	62.53	63.88
长三角	62.90	65.28	66.12	67.09	68.05	68.93	69.36	70.36
珠三角	81.60	82.72	83.01	83.84	84.03	84.12	84.59	84.85
全国	48.34	49.95	51.27	52.57	53.73	54.77	56.10	57.35

——◆——京津冀　——▲——长三角　——■——珠三角　————全国

图 4-1　三大区域城镇化水平比较

资料来源：2010~2017 年《中国统计年鉴》《广东统计年鉴》《河北统计年鉴》《安徽统计年鉴》《浙江统计年鉴》《江苏统计年鉴》

都市圈城镇化率=都市圈总城镇人口/都市圈总常住人口×100

近十年京津冀都市圈城镇化发展很快，2016 年城镇化率达到 63.9%，不过仍落后于珠三角和长三角都市圈。从增速来看，河北城镇化水平在 2009~2016 年增长最快，而北京城镇化水平增长缓慢，趋于停止。从城镇化水平来看，北京最高，天津与北京城镇化差距逐渐缩小，河北与两个直辖市之间仍有较大发展差距（图 4-2）。

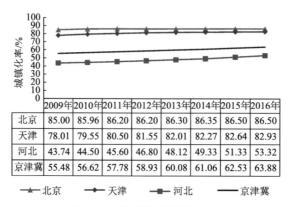

	2009年	2010年	2011年	2012年	2013年	2014年	2015年	2016年
北京	85.00	85.96	86.20	86.20	86.30	86.35	86.50	86.50
天津	78.01	79.55	80.50	81.55	82.01	82.27	82.64	82.93
河北	43.74	44.50	45.60	46.80	48.12	49.33	51.33	53.32
京津冀	55.48	56.62	57.78	58.93	60.08	61.06	62.53	63.88

—▲—北京　—◆—天津　—■—河北　——京津冀

图 4-2　京津冀地区城镇化水平

资料来源：2010~2017 年《中国统计年鉴》《河北统计年鉴》

长三角经济发展水平较高，城镇化水平略高于京津冀都市圈，但低于珠三角都市圈。2009~2016 年城镇化水平增长速度较快。区域内部，上海城镇化水平较高，已经达到 87.9%，处于城镇化发展的高级阶段。江苏和浙江两地城镇化水平相近，在 60%~70%，与上海有一定差距；安徽城镇化水平较低，在60%以下，但增长速度较快（图 4-3）。

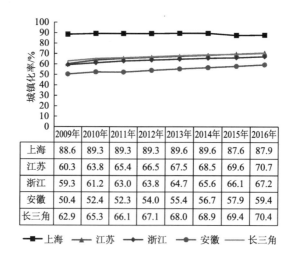

	2009年	2010年	2011年	2012年	2013年	2014年	2015年	2016年
上海	88.6	89.3	89.3	89.3	89.6	89.6	87.6	87.9
江苏	60.3	63.8	65.4	66.5	67.5	68.5	69.6	70.7
浙江	59.3	61.2	63.0	63.8	64.7	65.6	66.1	67.2
安徽	50.4	52.4	52.3	54.0	55.4	56.7	57.9	59.4
长三角	62.9	65.3	66.1	67.1	68.0	68.9	69.4	70.4

—■—上海　—▲—江苏　—◆—浙江　—●—安徽　——长三角

图 4-3　长三角地区城镇化水平

资料来源：2010~2017 年《中国统计年鉴》《安徽统计年鉴》《浙江统计年鉴》《江苏统计年鉴》

珠三角都市圈城镇化发展呈现出四个层级：深圳城镇化水平最高，已达到 100%，位于第一层级；佛山、东莞、中山、广州四个城市位于第二层级，城镇化水平均超过 80%；惠州和江门两个城市位于第三层级，城镇化水平超过 60%；肇庆位于第四层级，城镇化水平较低，仅超过 40%（图 4-4）。

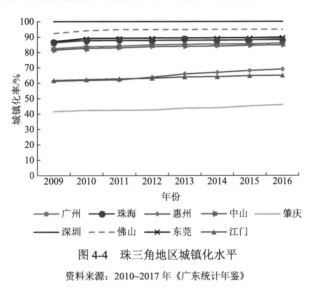

图 4-4 珠三角地区城镇化水平

资料来源：2010~2017 年《广东统计年鉴》

第二节 三大都市圈制造业发展与区域职能结构演进

一、三大都市圈制造业与区域职能结构的经济特征

应用从业人员数据代替产值数据计算三大都市圈制造业发展形成的区域职能结构变化，京津冀、长三角、珠三角三大都市圈制造业发展情况具体如下。

京津冀都市圈中北京和天津两市的制造业从业人员数最多，远超过河北承德、衡水等市（表 4-3）。2003~2015 年，北京的制造业从业人员数减少了 45.59 万人，这与北京"退二进三""疏解非首都核心功能"等战略密切相关；石家庄制造业从业人员数减少了 5.88 万人，作为河北省会，现代服务业已经成为石家庄产业发展重点；此外，作为都市圈重要生态承载地的张家口、承德两市的制造业从业人员数也出现了负增长，其中张家口减少了 5.42 万人，承德减少了 0.12 万人。天津在 2003~2015 年制造业从业人员数增加了 33.64 万人；其次是毗邻京津的廊坊和保定，通过自身发展和承接产业转移，制造业从业人员数分别增加了 9.57 万人和 8.34 万人；其他城市制造业从业人员数增加幅度不大。从制造业占全市从业人员比重来看，除邢台和廊坊两市外，其他城市的制造业从业人员占比均下降，其中张家口降幅最大，下降了 14.87%。从各城市制造业从业人员占都市圈制造业人员比重来看，2003 年北京制造业从业人员最多，占比达到 40.47%，天津占比为 22.66%，其他城市均在 9% 以下。2015 年天津制造业从业人员最多，占比为 32.38%，北京则下降为 26.95%，位居第二位，其他城市均在 7% 以下。

表 4-3　京津冀都市圈制造业演进

城市	2003 年			2015 年		
	制造业从业人员数/万人	占本市从业人员比重/%	占都市圈制造业人员比重/%	制造业从业人员数/万人	占本市从业人员比重/%	占都市圈制造业人员比重/%
北京	137.78	19.59	40.47	92.19	11.86	26.95
天津	77.14	40.39	22.66	110.78	37.58	32.38
石家庄	29.79	33.75	8.75	23.91	23.83	6.99
唐山	21.18	29.54	6.22	23.16	25.89	6.77
秦皇岛	7.69	26.84	2.26	7.76	23.64	2.27
邯郸	14.08	23.32	4.14	14.63	18.96	4.28
邢台	6.47	19.06	1.90	9.64	21.44	2.82
保定	14.10	22.53	4.14	22.44	22.48	6.56
张家口	10.7	28.91	3.14	5.28	14.04	1.54
承德	4.88	20.81	1.43	4.76	15.90	1.39
沧州	7.09	18.18	2.08	8.27	15.72	2.42
廊坊	4.56	19.34	1.34	14.13	31.78	4.13
衡水	5.02	22.61	1.47	5.19	17.59	1.52
平均值	26.19	24.99	7.69	26.32	21.59	7.69

长三角都市圈中上海、苏州两市的制造业从业人员较多，远超过都市圈内的其他城市（表 4-4）。2003~2015 年，仅有马鞍山制造业从业人员数出现了负增长，减少了 0.66 万人。苏州的制造业从业人员数增加最为明显，2003~2015 年增加了 161.22 万人；上海紧随其后，增加了 78.27 万人；其次为无锡和杭州，分别增加了 43.88 万人和 43.02 万人。从制造业占本市从业人员比重来看，50%的城市制造业占比呈现增长趋势，其中湖州和嘉兴的增幅均在 18%以上；50%的城市制造业占比呈现下降趋势，南通的降幅最大，达到 20.35%。从各城市制造业从业人员占都市圈制造业人员比重来看，2003 年上海制造业人员最多，占比达到 27.87%，苏州占比为 10.92%，其他城市均在 8%以下。2015年苏州制造业人员最多，占比为 19.00%，上海则下降为 18.49%，位居第二位，其他城市均在 7%以下。

表 4-4 长三角都市圈制造业演进

城市	2003 年			2015 年		
	制造业从业人员数/万人	占本市从业人员比重/%	占都市圈制造业人员比重/%	制造业从业人员数/万人	占本市从业人员比重/%	占都市圈制造业人员比重/%
上海	127.04	37.13	27.87	205.31	28.40	18.49
南京	32.70	35.95	7.17	52.99	24.87	4.77
无锡	23.22	45.56	5.09	67.10	56.49	6.04
常州	16.44	46.38	3.61	33.35	47.72	3.00
苏州	49.75	57.47	10.92	210.97	69.41	19.00
南通	22.78	42.70	5.00	46.90	22.35	4.22
盐城	11.79	24.54	2.59	25.09	28.12	2.26
扬州	13.82	37.48	3.03	28.79	26.56	2.59
镇江	11.23	37.09	2.46	25.08	49.66	2.26
泰州	11.66	35.71	2.56	29.62	27.64	2.67
杭州	25.01	31.11	5.49	68.03	23.58	6.13
宁波	20.72	31.71	4.55	72.62	43.53	6.54
嘉兴	11.68	39.08	2.56	46.29	57.21	4.17

续表

城市	2003 年			2015 年		
	制造业从业人员数/万人	占本市从业人员比重/%	占都市圈制造业人员比重/%	制造业从业人员数/万人	占本市从业人员比重/%	占都市圈制造业人员比重/%
湖州	2.81	18.40	0.62	18.69	37.33	1.68
绍兴	10.66	27.21	2.34	34.64	24.99	3.12
金华	4.76	17.09	1.04	15.23	16.13	1.37
舟山	2.47	24.33	0.54	10.25	22.00	0.92
台州	6.68	19.28	1.47	30.57	30.23	2.75
合肥	10.7	27.68	2.35	35.36	24.58	3.18
芜湖	10.15	41.24	2.23	17.40	39.13	1.57
马鞍山	7.41	44.85	1.63	6.75	29.19	0.61
铜陵	5.94	49.87	1.30	6.22	36.06	0.56
安庆	6.21	21.33	1.36	8.96	26.78	0.81
滁州	5.18	23.32	1.14	7.40	31.16	0.67
池州	1.23	17.11	0.27	2.09	19.51	0.19
宣城	3.73	28.87	0.82	4.88	30.39	0.44
平均值	17.53	28.55	1.41	42.71	30.34	1.57

2003~2015 年,虽然珠三角都市圈中 9 个城市的制造业从业人员数都有明显增加,其中深圳制造业从业人员增加了 198.67 万人,东莞增加了 179.29 万人,但各市制造业的相对地位变化较大(表 4-5)。2003 年制造业从业人员数最多的分别是广州和深圳,2015 年制造业从业人员数最多的是深圳和东莞,而广州随着产业结构的调整,2003 年制造业从业人员数在都市圈中位居第一位,而 2015 年在都市圈内仅位居第四位。从制造业占本市从业人员比重来看,广州和珠海的制造业占比下降,其他城市占比均上升,其中东莞制造业占比增加了 41.17%,深圳制造业占比增加了 26.35%。从各城市制造业从业人员占都市圈制造业人员比重来看,2003 年广州制造业人数最多,占比达到 29.28%,深圳占比为 21.53%,其他城市均在 14%以下。2015 年深圳制造业从业人员数最多,占比为 29.16%,东莞占比为 21.90%,广州

则下降为 10.04%。

表 4-5 珠三角都市圈制造业演进

城市	2003 年			2015 年		
	制造业从业人员数/万人	占本市从业人员比重/%	占都市圈制造业从业人员比重/%	制造业从业人员数/万人	占本市从业人员比重/%	占都市圈制造业从业人员比重/%
广州	66.75	35.50	29.28	85.32	26.64	10.04
深圳	49.08	44.96	21.53	247.75	53.86	29.16
珠海	22.48	62.69	9.86	39.47	53.15	4.65
佛山	20.39	43.40	8.94	118.60	69.75	13.96
江门	14.23	41.01	6.24	30.18	51.78	3.55
肇庆	8.17	33.75	3.58	20.60	48.15	2.42
惠州	31.62	62.11	13.87	62.01	67.50	7.30
东莞	6.78	38.94	2.97	186.07	80.11	21.90
中山	8.48	52.83	3.72	59.71	71.99	7.03
平均值	25.33	46.13	11.11	94.41	58.10	11.11

二、三大都市圈制造业与区域职能结构的空间特征

为全面反映制造业集聚的空间特征，分别应用区位熵和空间基尼系数测算三大都市圈文化创意产业相对于其他产业的集聚特点和都市圈内部的空间集聚特点（表 4-6）。

表 4-6 三大都市圈制造业集聚的空间特征指标

都市圈	京津冀都市圈		长三角都市圈		珠三角都市圈	
年份	2003	2015	2003	2015	2003	2015
区位熵	0.905	0.713	1.318	1.209	1.603	1.976
空间基尼系数	0.019	0.058	0.003	0.014	0.007	0.018

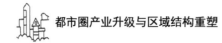

1. 相对于其他产业的集聚特点

从区位熵的结果看，2003~2015 年，京津冀都市圈制造业的集聚程度降幅较大，长三角都市圈也有一定下降，珠三角都市圈上升幅度较大。其中，2003 年、2015 年京津冀都市圈制造业区位熵指标值分别达到 0.905 和 0.713，表明京津冀都市圈的制造业相较于其他产业的集聚能力较弱。2003 年，长三角都市圈和珠三角都市圈制造业的区位熵分别为 1.318 和 1.603，制造业相较于其他产业的集聚能力较强，2015 年，长三角都市圈有所下降，为1.209。珠三角都市圈区位熵上升为 1.976，制造业的集聚程度在三大都市圈中最高。说明 2003~2015 年，京津冀和长三角两大都市圈逐渐减少制造业的份额，发展重心转变较大。

2. 都市圈内部的空间集聚特点

2003~2015 年，三大都市圈的空间基尼系数均有不同程度的增加，2003年，京津冀、长三角和珠三角三大都市圈的制造业空间基尼系数分别为 0.019、0.003 和 0.007，2015 年，相应制造业空间基尼系数上升为 0.058、0.014 和 0.018，上升幅度较大。说明在三大都市圈内部制造业正向少数几个城市集中，结合制造业发展的经济特征，表明各大都市圈的专业化分工程度增强，各城市的功能划分逐渐明晰。2003 年，京津冀都市圈空间基尼系数最高，其次是珠三角都市圈和长三角都市圈，2015 年依然保持这一格局，说明在三大都市圈中，制造业在京津冀内部的极化集聚特征最为明显。

第三节　三大都市圈生产性服务业发展
与区域职能结构演进

通过第三章和本章第一节和第二节的论证可知，目前都市圈内城市经济的发展，符合经济全球化和区域经济一体化背景下的一般规律，且都市圈经济发展中的主要产业承载体包括制造业、生产性服务业和文化创意产业。因此，本章将从上述三个产业在都市圈内发展形成的城市专业化和多样化角度，分析评判都市圈职能结构[①]。

在研究方法方面，针对都市圈生产性服务业集聚的经济特征，参考已有文献（席强敏和李国平，2016），拟采用城市相对专业化指数、城市相对多样化指数衡量。同时，为避免单一指标的缺陷，综合应用区位熵、平均集中率和空间基尼系数衡量都市圈生产性服务业集聚的空间特征。

城市相对专业化指数：

$$\mathrm{Sd}_i(t) = \sum_{k=1}^{n} \left| \frac{E_{ik}(t)}{E_i(t)} - \frac{\sum_{k=1}^{n} E_{jk}(t)}{\sum_{k=1}^{n}\sum_{k=1}^{n} E_{jk}(t)} \right| \tag{4-1}$$

城市相对多样化指数：

$$\mathrm{RDI}_i = 1/\mathrm{Sd}_i(t) \tag{4-2}$$

城市相对专业化指数模型是在"Krugman 专业化指数"（Krugman，1991a，1991b）基础上构建的，i、j、k 分别为城市 i、城市 j、生产性服务业行业 k；$E_i(t)$、$E_{ik}(t)$ 则分别为城市 i 生产性服务业总体、k 行业的从业人员数；$E_{jk}(t)$ 为城市 j 生产性服务业 k 行业的从业人员数；m、n 分别为城市数目和行业数目，$\mathrm{Sd}_i(t)$ 越高表示城市 i 在都市圈生产性服务业分工专业化程度越高，城市相对多样化指数越低。

区位熵：

$$LQ_{ij} = \frac{\dfrac{L_{ij}}{\sum_i L_{ij}}}{\dfrac{\sum_j L_{ij}}{\sum_i \sum_j L_{ij}}} \tag{4-3}$$

---

① 本节部分内容已发表（陈红霞和贾舒雯，2017）。

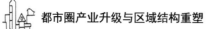

式中，i、j 为城市及其生产性服务业；L_{ij} 为城市 i 内生产性服务业 j 的劳动生产率（增加值比从业人数）。区位熵表示相对于某一地区所有产业的平均水平而言，生产性服务业是否更集聚于该地区。若区位熵大于 1，则生产性服务业较所有产业的平均水平而言更加集聚于该地区，且区位熵越大，生产性服务业相较于其他产业的集聚程度越高。

空间基尼系数：

$$G = \sum_i \left(X_i - S_i\right)^2 \qquad (4\text{-}4)$$

式中，X_i 为都市圈某城市 i 从业人数占整个都市圈从业人数比重；S_i 为该城市生产性服务业从业人数占整个都市圈生产性服务业从业人数比重。空间基尼系数反映某一区域内生产性服务业是否集中在一个或少数几个地区，数值越大表示集中程度越高。

平均集中率：

$$V_i = \frac{\sum_k S_{ik}}{m} \qquad (4\text{-}5)$$

式中，S_{ik} 为都市圈 i 行业 k（生产性服务业的细分行业）的从业人数占全国行业 k 总从业人数比重；m 为生产性服务业的细分行业个数。平均集中率反映都市圈生产性服务业中各细分行业的平均集中水平，分行业计算再取均值的方法避免特殊情况造成的误差，如某地区生产性服务业中某一行业本身占据优势而这一地区又恰以该行业为主导产业的情况。其取值范围在[0，1]，且取值越大代表集聚程度越高。

在数据选择方面，根据国家统计局 2015 年发布的《生产性服务业分类（2015）》，生产性服务业分类的范围包括：为生产活动提供的研发设计与其他技术服务、货物运输仓储和邮政快递服务、信息服务、金融服务、节能与环保服务、生产性租赁服务、商务服务、人力资源管理与培训服务、批发经纪代理服务、生产性支持服务。对应三次产业分类标准和统计信息数据，本研究选择交通运输、仓储和邮政业，信息传输、计算机服务和软件业，批发和零售业，金融业，租赁和商务服务业，科学研究、技术服务六个门类作为生产性服务业指标。由于 2002 年进行了第二次行业标准调整《国民经济行业分类》（GB/T4754—2002），调整后的产业门类与当前具有可比性，因此，本研究选择 2003 年和 2015 年的数据做发展趋势的对比。

文化创意产业的内涵和外延一直在学术界存在一定争论，不过从整体上讲，文化创意产业、广义的文化产业和广义的文化经济是一致的（金元浦，2009）。根据《文化及相关产业分类（2018）》和《国民经济行业分类》（GB/T 4754—2017），文化创意产业涉及信息传输、软件和信息技术服务业中的文化信息传输服务、软件开发、数字内容服务等，科学研究、技术服务业中的社会人文科学研究、专业化设计、建筑设计服务等，文化、体育和娱乐业，以及其他产业门类中的文化创意部分，综合考虑统计数据的匹配性，本研究选择信息传输、软件和信息技术服务业，科学研究、技术服务业，以及文化、体育和娱乐业数据作为文化创意产业统计指标。

一、三大都市圈生产性服务业与区域职能结构的经济特征

1. 京津冀都市圈生产性服务业集聚的经济特征

1）总体特征

京津冀都市圈 2003~2015 年城市平均相对专业化程度略有上升，2003 年相对专业化指数为 0.388，2015 年增长到 0.438，指数增加了 0.050[①]，反映了都市圈整体在生产性服务业发展方面专业化程度有所提升（表 4-7）。

2）中心城市特征

2015 年，京津冀都市圈中心城市——北京的相对专业化程度较高，相对专业化指数为 0.423，相比 2003 年的 0.420 有所提高；天津的相对专业化程度均较低，相对专业化指数仅为 0.298，不过相比 2003 年，也有一定程度的提

---

① 由于本研究计算所使用的行业范围界定是根据国家统计局 2015 年颁发的新的行业分类标准，因此得到的京津冀都市圈 2003 年各城市相对专业化程度有别于已有文献。

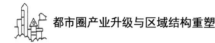
高。反映出北京在疏解非首都核心功能的过程中，对生产性服务业发展更具倾向性，而天津生产性服务业有向多元化方向发展的趋势，外向区域服务职能不断强化。此外，就生产性服务业的专业化方向看，2015 年北京相对专业化程度最高的行业为信息传输、计算机服务和软件业，相对专业化指数为 1.247，而天津批发和零售业的相对专业化程度最高，相对专业化指数为 1.243，反映了京津冀都市圈两大中心城市在生产性服务业发展的互补性（表 4-7）。

3）外围地区特征

在河北地级及以上城市中，石家庄和廊坊的相对专业化趋势与北京、天津类似，2015 年唐山、承德、衡水的相对专业化指数均超过 0.5，反映了相对于都市圈其他地区，这些城市的生产性服务业更趋向专业化，产业结构相对单一。值得注意的是，近年来，廊坊在承接北京产业转移过程中不断优化生产性服务业结构，现代物流业、信息服务业、金融服务业、科技服务业和商务服务业已成为发展重点，产业结构多元化特点更加明显。2015 年廊坊的相对专业化指数为 0.258，在京津冀都市圈中最低，也预示将在未来区域发展中承担更多服务职能。2015 年京津冀都市圈外围地区各城市相对专业化程度最高的生产性服务业，除租赁和商务服务业均有涉及，金融和交通是河北各城市生产性服务业发展的主要门类，各城市之间的分工程度有较大提高，存在很强的互补性。具体地，石家庄、唐山、秦皇岛三个城市的交通运输、仓储和邮政业的相对专业化指数最高，分别为 1.501、1.751 和 2.283；邯郸、邢台、张家口、承德、沧州、衡水六个城市的金融业相对专业化程度最高，其中，承德、秦皇岛、邢台的相对专业化指数均超过 2，分别达到 2.638、2.283 和 2.008；保定的科学研究、技术服务业相对专业化程度最高，相对专业化指数为 1.984，廊坊的信息传输、计算机服务和软件业的相对专业化指数为 1.406，是城市发展的优势生产性服务业（表 4-7）。

2. 珠三角都市圈生产性服务业集聚的经济特征

1）总体特征

珠三角都市圈 2003~2015 年城市平均相对专业化程度有小幅上升，2003 年相对专业化指数为 0.314，2015 年相对专业化指数为 0.331，但总体变化不大，指数上升幅度为 0.017，反映了都市圈整体在生产性服务业发展方面专业化程度有所提升（表 4-7）。

2）中心城市特征

2015 年，珠三角都市圈中心城市——广州和深圳的生产性服务业相对专业化指数较低，分别为 0.258 和 0.249，相对于 2003 年的相对专业化指数 0.291 和 0.184，广州相对专业化指数下降了 0.033，深圳相对专业化指数上升了 0.065。2015 年，广州的科学研究、技术服务业的相对专业化指数最高，为 1.491，深圳的租赁和商务服务业相对专业化指数为 1.300，发展程度最高，反映了中心城市生产性服务业发展的选择性。在《珠江三角洲地区改革发展规划纲要（2008-2020 年）》中，广州、深圳承担着区域金融中心、会展中心、高技术产业中心等一系列高端生产性服务业中心集聚区的职能。目前，两个中心城市生产性服务业的多元化增强了城市的对外服务功能，与规划愿景相匹配（表 4-7）。

3）外围地区特征

在其他七个城市中，珠海近年来除发展会展、金融、现代物流等，更提出全产业链整合优化的发展方向，生产性服务业发展趋势与中心城市类似，2015 年相对专业化指数为 0.224，区域辐射能力明显增强。其他城市的相对专业化程度大致相当，体现了区域发展的均衡性。从变化趋势上看，佛山、东莞和中山的相对专业化程度略有下降，江门、肇庆、惠州的相对专业化程度略有提升。2015 年都市圈内的城市相对专业化程度最高的行业以金融业为主，其中，佛山、江门、肇庆、惠州、东莞和中山六个城市的金融业均是该城市相对专业化程度最高的产业门类，惠州和江门的金融业相对专业化指数均超过 2，分别达到 2.802 和 2.319。外围城市中仅有珠海以信息传输、计算机服务和软件业为相对专业化程度最高的生产性服务业门类，反映出珠三角都市圈中心与外围城市的分工程度较低，仍有较大的合作空间（表4-7）。

表 4-7　京津冀都市圈、珠三角都市圈生产性服务业各城市相对专业化指数及其变动趋势

京津冀都市圈	2003 年	2015 年	趋势	2015 年相对专业化程度最高的行业	珠三角都市圈	2003 年	2015 年	趋势	2015 年相对专业化程度最高的行业
北京	0.420	0.423	0.003	信息（1.247）	广州	0.291	0.258	−0.033	科学（1.491）
天津	0.257	0.298	0.041	批发（1.243）	深圳	0.184	0.249	0.065	租赁（1.300）
石家庄	0.276	0.275	−0.001	交通（1.501）	珠海	0.086	0.224	0.138	信息（1.706）
唐山	0.504	0.558	0.054	交通（1.751）	佛山	0.414	0.253	−0.161	金融（1.440）
秦皇岛	0.737	0.630	−0.107	交通（2.283）	江门	0.255	0.432	0.177	金融（2.319）
邯郸	0.376	0.365	−0.011	金融（1.604）	肇庆	0.214	0.437	0.223	金融（1.922）
邢台	0.452	0.489	0.037	金融（2.008）	惠州	0.180	0.417	0.237	金融（2.802）
保定	0.269	0.496	0.227	科学（1.984）	东莞	0.652	0.315	−0.337	金融（1.566）
张家口	0.366	0.347	−0.019	金融（1.577）	中山	0.553	0.392	−0.161	金融（1.582）
承德	0.306	0.510	0.204	金融（2.638）					
沧州	0.380	0.452	0.072	金融（1.732）					
廊坊	0.320	0.258	−0.062	信息（1.406）					
衡水	0.376	0.592	0.216	金融（1.828）					
平均值	0.388	0.438	0.050		平均值	0.314	0.331	0.017	

　　注：科学、信息、金融、批发、交通、租赁分别表示科学研究、技术服务业，信息传输、计算机服务和软件业，金融业，批发和零售业，交通运输、仓储和邮政业，租赁和商务服务业，下同

3. 长三角都市圈生产性服务业集聚的经济特征

1）总体特征

长三角都市圈 2003~2015 年城市平均相对专业化程度有所增长，2003 年生产性服务业相对专业化指数为 0.243，2015 年相对专业化指数上升为 0.301，增加幅度为 0.058，反映了该都市圈生产性服务业发展在 2003~2015 年呈现相

对专业化程度增强的趋势（表4-8）。

2）中心城市特征

与京津冀都市圈和珠三角都市圈略有不同，2015年，长三角都市圈中心城市——上海生产性服务业相对专业化指数与都市圈内的其他城市相差不大，相对专业化指数为0.219。2003年上海生产性服务业相对专业化指数为0.254，高于2015年水平，这种相对专业化程度降低的现象与城市产业发展的选择性有关。近年来，上海提出了生产性服务业专业化和高端化发展目标，并出台了《上海工业及生产性服务业指导目录和布局指南（2014年版）》，采取产业发展正面引导和负面清单相结合的方式推进城市产业的高级化。2015年，在上海生产性服务业中，租赁和商务服务业的相对专业化指数最高，为1.237，代表了城市生产性服务业的专业化发展方向（表4-8）。

3）外围地区特征

在长三角都市圈其他城市中，除苏州、盐城、泰州、嘉兴、绍兴、安庆、滁州、宣城外，其他城市的相对专业化指数均有不同程度的提高。其中，舟山的增长幅度最大，其次是金华和湖州，反映了随着城市与区域经济发展，城市生产性服务业的发展趋向专业化。由于长三角都市圈所辖的城市较多，各城市生产性服务业发展的重点不同，因此，都市圈呈现出多样化的分工格局。2015年，外围城市中，有包括常州、苏州、南通在内的18个城市的金融业是相对专业化程度最高的行业门类，其中，台州金融业的相对专业化指数达到2.833，相对专业化程度最高。湖州、金华、马鞍山、池州的金融业相对专业化指数也超过2。南京、无锡、杭州的信息传输、计算机服务和软件业的相对专业化指数最高，其中南京超过2。扬州、合肥的科学研究、技术服务业的相对专业化指数最高，另有芜湖和舟山，分别以交通运输、仓储和邮政业，以及批发和零售业为相对专业化指数最高的行业门类。2015年都市圈内的城市相对专业化程度最高的行业涵盖科学研究、技术服务业，信息传输、计算机服务和软件业，金融业，批发和零售业，交通运输、仓储和邮政业，租赁和商务服务业六个生产性服务业门类，反映了长三角都市圈在区域一体化进程中，城市和地区分工合作的趋势在强化（表4-8）。

表4-8 长三角都市圈生产性服务业各城市相对专业化指数及其变动趋势

长三角都市圈	2003 年	2015 年	趋势	2015 年相对专业化程度最高的行业	长三角都市圈	2003 年	2015 年	趋势	2015 年相对专业化程度最高的行业
上海	0.254	0.219	−0.035	租赁（1.237）	绍兴	0.313	0.265	−0.048	金融（1.857）
南京	0.298	0.316	0.018	信息（2.006）	金华	0.156	0.383	0.227	金融（2.129）
无锡	0.163	0.215	0.052	信息（1.437）	舟山	0.096	0.480	0.384	批发（1.683）
常州	0.190	0.268	0.078	金融（1.529）	台州	0.324	0.549	0.225	金融（2.833）
苏州	0.168	0.133	−0.035	金融（1.168）	合肥	0.212	0.236	0.024	科学（1.465）
南通	0.264	0.269	0.005	金融（1.558）	芜湖	0.330	0.360	0.030	交通（1.713）
盐城	0.348	0.282	−0.066	金融（1.652）	马鞍山	0.267	0.371	0.104	金融（2.045）
扬州	0.197	0.222	0.025	科学（1.402）	铜陵	0.180	0.339	0.159	金融（1.508）
镇江	0.129	0.278	0.149	金融（1.659）	安庆	0.322	0.208	−0.114	金融（1.541）
泰州	0.291	0.243	−0.048	金融（1.355）	滁州	0.344	0.343	−0.001	金融（1.626）
杭州	0.159	0.192	0.033	信息（1.521）	池州	0.295	0.379	0.084	金融（2.042）
宁波	0.145	0.311	0.166	金融（1.666）	宣城	0.346	0.299	−0.047	金融（1.941）
嘉兴	0.358	0.274	−0.084	金融（1.491）	平均值	0.243	0.301	0.058	
湖州	0.170	0.386	0.216	金融（2.078）					

二、三大都市圈生产性服务业与区域职能结构的空间特征

为全面反映生产性服务业集聚的空间特征，分别应用区位熵、平均集中率和空间基尼系数反映三大都市圈生产性服务业相对于其他产业的集聚特点，相对于全国平均占有率的集聚特点，以及都市圈内部的空间集聚特点（表4-9）。

表 4-9　三大都市圈生产性服务业集聚的空间特征指标

都市圈	京津冀都市圈		长三角都市圈		珠三角都市圈	
年份	2003	2015	2003	2015	2003	2015
区位熵	1.393	1.720	1.163	1.102	1.039	1.011
平均集中率	0.188	0.177	0.136	0.200	0.053	0.087
空间基尼系数	0.022	0.053	0.011	0.051	0.016	0.042

2015 年，从生产性服务业从业人员指标看，北京和天津，以及广州和深圳分别占所在京津冀都市圈、珠三角都市圈总体规模的 70%以上，上海生产性服务业从业人员占长三角都市圈总量的比重超过 40%，都市圈内部不均衡布局的空间极化集聚趋势明显。这种生产性服务业不均衡的空间布局是城市产业结构升级、都市圈经济和空间结构发展的必然结果。生产性服务业资源要素在中心城市和外围地区间通过聚合扩散实现调配，是已有都市圈结构的解构过程，同时，形成新的中心城市和外围地区的经济、空间关系，是新的都市圈结构的建构过程。

1. 相对于其他产业的集聚特点

从区位熵的结果看，2003~2015 年，京津冀都市圈生产性服务业的集聚程度相对于其他产业有所增加，而长三角都市圈与珠三角都市圈则有所下降。其中，2003 年、2015 年京津冀都市圈生产性服务业区位熵指标值分别达到 1.393 和 1.720，远高于长三角都市圈（分别为 1.163 和 1.102）和珠三角都市圈（分别为 1.039 和 1.011）。2015 年，长三角都市圈和珠三角都市圈区位熵指标分别接近 1，集聚生产性服务业的能力略高于集聚其他产业能力的平均水平。说明 2003~2015 年，京津冀都市圈生产性服务业正处于快速集聚阶段，圈域内部生产性服务业一直是优势产业，重要性高于其他产业，相比之下，珠三角和长三角两大都市圈中，生产性服务业的重要程度和优势地位有所萎缩。

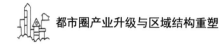

2. 相对于全国平均占有率的集聚特点

应用平均集中率测度都市圈内生产性服务业在全国的平均占有率。结果显示，2003~2015 年，京津冀都市圈生产性服务业平均集中率有所下降，2003年和 2015 年生产性服务业平均集中率分别为 0.188 和 0.177，而长三角都市圈两个年度的平均集中率分别为 0.136 和 0.200，生产性服务业的平均集中率有所上升，珠三角都市圈呈现相同的上升趋势，两个年度的平均集中率分别为 0.053 和 0.087。从都市圈比较看，2003 年，京津冀都市圈生产性服务业平均集中率最高，达到 0.188，长三角都市圈略低，珠三角都市圈最低，反映了在21 世纪之初，京津冀都市圈和长三角都市圈已经集聚一定规模的生产性服务业，具备相对比较优势。2015 年，这一格局演变为长三角都市圈最高，京津冀都市圈略低，珠三角都市圈最低，这表明 21 世纪以来，随着京津冀都市圈、长三角都市圈规划建设推进，在生产性服务业空间布局方面确立了比较优势地位，生产性服务业的集聚中心在京津冀都市圈和长三角都市圈之间交替出现，而珠三角都市圈的吸引力正在萎缩。

3. 都市圈内部的空间集聚特点

2003~2015 年，三大都市圈的空间基尼系数均有不同程度的增加，说明在三大都市圈内部生产性服务业向少数几个城市集中的趋势在增强。京津冀都市圈在 2003 年和 2015 年的生产性服务业空间基尼系数分别为 0.022 和 0.053，增长了 0.031；两个年度长三角都市圈生产性服务业空间基尼系数分别为 0.011和 0.051，增长了 0.040，是三大都市圈增长最多的；珠三角都市圈两个年度的生产性服务业空间基尼系数分别为 0.016 和 0.042，增长了 0.026，增长绝对量处在三大都市圈的最低水平。生产性服务业的局部区域集中是产业空间布局发展的必然规律，同时也是近年来都市圈产业升级的空间表现。随着产业链延伸，高端生产性服务业向中心城市集中，推进了城市间分工合作，同时，城市间产业链扁平化分工进一步促进城市生产性服务业的专业化发展。2003 年，京津冀都市圈空间基尼系数最高，其次是珠三角都市圈和长三角都市圈，2015年这一排序变为京津冀都市圈、长三角都市圈、珠三角都市圈，说明在三大都市圈中，生产性服务业在京津冀都市圈内部的极化集聚特征最为明显。

对空间集聚特征实证研究的结果显示，生产性服务业在都市圈内部呈现不均衡的极化集聚趋势。生产性服务业企业的区位选择具有地理集中性，其规模报酬递增的特性与集聚经济密切相关。在Friedmann（1986）的世界城市理论中，世界城市的形成过程是"全球控制能力"的生产过程，而这种控制能力的产生主要取决于特定部门，尤其是生产性服务业的集中和快速增长。对三大都市圈生产性服务业空间集聚特征的研究结论印证了这一理论。从京津冀都市圈、长三角都市圈和珠三角都市圈生产性服务业集聚的经济特征看，大致存在两种发展模式：一类是"专业化中心+专业化外围"，以长三角都市圈为代表；另一类是"多样化中心+专业化外围"，以京津冀都市圈、珠三角都市圈为代表。2003~2014年，三大都市圈内部外围地区的相对专业化程度均有提高，表明外围地区在生产性服务业发展方面的职能定位更加明确。而中心城市有所不同，具体地，长三角都市圈中心城市的相对专业化指数有所增长，生产性服务业的相对专业化程度提高，外向专业化服务和分工合作能力增强。而京津冀都市圈、珠三角都市圈中心城市的相对专业化程度下降，相对多样化程度提高，城市职能趋向综合化，外向综合生产性服务能力增强。两种不同的发展路径均与中心城市产业结构升级密切相关，近年来，作为大都市圈中心城市的北京、广州、上海等相继提出产业结构升级的目标，逐步打造以服务经济为主的产业结构。但根据城市所处的工业化、城镇化发展阶段，以及内外部环境的不同，北京、广州等都市圈中心城市更趋向于综合性高端生产性服务业发展，而上海等更趋向于专业化基础上的高级化。

第四节　三大都市圈文化创意产业发展
与区域职能结构演进

一、三大都市圈文化创意产业与区域职能结构的经济特征

1. 京津冀都市圈文化创意产业集聚的经济特征

1）总体特征

京津冀都市圈 2003~2015 年城市平均相对专业化程度略有上升，相对专业化指数增加幅度为 0.005。2003 年，京津冀都市圈文化创意产业的相对专业化指数为 0.311，2015 年相对专业化指数上升为 0.316，反映了都市圈在文化创意产业发展方面的集聚趋势更加明显（表4-10）。

2）中心城市特征

2015 年，京津冀都市圈中心城市——北京和天津的相对专业化程度较高，相对专业化指数分别为 0.373 和 0.417，相比于 2003 年提高了 0.162 和 0.234。文化创意产业已经逐渐成为城市重点发展的产业门类，发展集聚性更强。从文化创意产业的主要集中方向看，北京集中于信息传输、计算机服务和软件业，2015 年该产业门类的相对专业化指数为 1.108；同时，天津的科学研究、技术服务业是文化创意产业中的优势门类，2015 年相对专业化指数为 1.427，体现了都市圈中心城市在文化创意产业方面的差异化发展路径（表4-10）。

3）外围地区特征

在河北地级及以上城市中，保定和沧州两市的相对专业化程度较高；廊坊、邢台、张家口等城市的相对专业化程度较低，相对专业化指数低于 2。2003 年和 2015 年对比来看，仅有北京、天津、邯郸、保定四个城市的相对

专业化指数增加，其他城市均下降，说明外围城市的文化创意产业发展更为分散。2015年相对专业化程度较高的行业主要为文化、体育和娱乐业。从城市文化创意产业发展的相对优势看，石家庄、唐山、秦皇岛等9个城市的文化、体育和娱乐业是相对专业化程度最高的产业门类，其中，唐山、秦皇岛和沧州的相对专业化指数超过2，分别达到2.069、2.262和2.487。保定的科学研究、技术服务业的相对专业化指数在文化创意产业中最高，为1.743，廊坊则在信息传输、计算机服务和软件业方面具有相对优势，相对专业化指数为1.204（表4-10）。

2. 珠三角都市圈文化创意产业集聚的经济特征

1）总体特征

珠三角都市圈2003~2015年城市平均相对专业化程度略有上升，相对专业化指数上升幅度为0.017。2003年，珠三角都市圈文化创意产业相对专业化指数为0.267，2015年增长为0.284，表明珠三角都市圈在文化创意产业发展方面更趋向于专业化（表4-10）。

2）中心城市特征

2015年，珠三角都市圈中心城市——广州和深圳的文化创意产业相对专业化指数较高，分别为0.381和0.375，相比于2003年，广州相对专业化指数提高了0.047（2003年相对专业化指数为0.334），深圳提高了0.236（2003年相对专业化指数为0.138）。与京津冀都市圈相似，都市圈中心城市的文化创意产业发展更为集中和专业化。此外，中心城市呈现错位发展特征，其中，广州的科学研究、技术服务业的相对专业化指数最高，为1.232，深圳的信息传输、计算机服务和软件业的相对专业化指数最高，为1.289（表4-10）。

3）外围地区特征

在珠三角都市圈外围的其他7个城市中，佛山和东莞的文化创意产业发展趋势与都市圈整体趋势不一致，2003~2015年相对专业化指数有所下降，分别下降了0.300和0.378，其他城市的相对专业化程度在2003~2015年均有增长。2015 年，佛山的相对专业化指数最低，仅为 0.122，产业发展分散性较强，相对专业化指数最高的为珠海，达到 0.387，指标值超过了中心城市，反映了产业发展的集中性。从外围地区文化创意产业发展的选择性角度看，除珠海的信息传输、计算机服务和软件业的相对专业化指数（1.433）最高外，其他 6 个城市均以文化、体育和娱乐业为相对专业化程度最高的产业，其中，惠州的相对专业化指数最高，达到 1.804，东莞的相对专业化指数也超过 1.7（表 4-10）。

表 4-10　京津冀都市圈、珠三角都市圈文化创意产业各城市相对专业化指数及其变动趋势

京津冀都市圈	2003 年	2015 年	趋势	2015 年相对专业化程度最高的行业	珠三角都市圈	2003 年	2015 年	趋势	2015 年相对专业化程度最高的行业
北京	0.210	0.373	0.163	信息（1.108）	广州	0.334	0.381	0.047	科学（1.232）
天津	0.184	0.417	0.233	科学（1.427）	深圳	0.138	0.375	0.237	信息（1.289）
石家庄	0.322	0.298	−0.024	文化（1.559）	珠海	0.250	0.387	0.137	信息（1.433）
唐山	0.512	0.291	−0.221	文化（2.069）	佛山	0.422	0.122	−0.300	文化（1.309）
秦皇岛	0.352	0.343	−0.009	文化（2.262）	江门	0.099	0.215	0.116	文化（1.374）
邯郸	0.210	0.291	0.081	文化（1.704）	肇庆	0.124	0.207	0.083	文化（1.545）
邢台	0.194	0.109	−0.085	文化（1.389）	惠州	0.098	0.311	0.213	文化（1.804）
保定	0.134	0.680	0.546	科学（1.743）	东莞	0.649	0.271	−0.378	文化（1.765）
张家口	0.305	0.196	−0.109	文化（1.512）	中山	0.286	0.291	0.005	文化（1.548）
承德	0.434	0.249	−0.185	文化（1.918）					
沧州	0.519	0.404	−0.115	文化（2.487）					
廊坊	0.237	0.175	−0.062	信息（1.204）					
衡水	0.431	0.285	−0.146	文化（1.697）					
平均值	0.311	0.316	0.005		平均值	0.267	0.284	0.017	

　　注：科学、信息、文化分别表示科学研究、技术服务业，信息传输、计算机服务和软件业，文化、体育和娱乐业，下同

3. 长三角都市圈文化创意产业集聚的经济特征

1）总体特征

长三角都市圈 2003~2015 年城市平均相对专业化程度小幅增长，相对专业化指数增加幅度为 0.006。2003 年长三角都市圈的文化创意产业相对专业化指数平均值为 0.273，2015 年上升为 0.279，表明 2003~2015 年该区域文化创意产业的发展更趋向专业化（表 4-11）。

2）中心城市特征

与京津冀都市圈和珠三角都市圈略有不同，2015 年，长三角都市圈中心城市——上海的相对专业化指数最低，相对多样化指数较高。2003 年上海文化创意产业相对专业化指数为 0.176，2015 年这一指数下降为 0.080，这与上海近年来的产业规划政策有关，随着文化创意产业逐渐成为上海的支柱产业，与科技、金融等融合发展的态势更加明显，产业的多样化趋势增强。2015 年，相对专业化指数最高的行业为科学研究、技术服务业，为 1.061，表明该行业门类在上海文化创意产业中相对专业化程度最高（表 4-11）。

3）外围地区特征

在长三角都市圈其他城市中，浙江各城市文化创意产业相对专业化指数呈现出不同幅度的上升，安徽与之相反，大多数城市的相对专业化程度下降。在 25 个长三角都市圈外围城市中，有 11 个城市的文化创意产业相对专业化程度有所下降，相对多样化程度增强。同时，有 14 个城市的文化、体育和娱乐业是相对专业化程度最高的行业门类，7 个城市的科学研究、技术服务业相对专业化程度最高，4 个城市的信息传输、计算机服务和软件业相对专业化程度最高。2015 年长三角都市圈内的城市相对专业化程度最高的行业涵盖科学研究、技术服务业，信息传输、计算机服务和软件业，文化、体育和娱乐业三个门类，反映了长三角都市圈城市和地区分工合作的趋势在强化（表 4-11）。

表4-11 长三角都市圈文化创意产业各城市相对专业化指数及其变动趋势

长三角都市圈	2003年	2015年	趋势	2015年相对专业化程度最高的行业	长三角都市圈	2003年	2015年	趋势	2015年相对专业化程度最高的行业
上海	0.176	0.080	−0.096	科学（1.061）	绍兴	0.296	0.453	0.157	文化（2.556）
南京	0.212	0.267	0.055	信息（1.243）	金华	0.247	0.316	0.069	文化（2.176）
无锡	0.092	0.176	0.084	信息（1.180）	舟山	0.286	0.360	0.074	文化（1.947）
常州	0.107	0.437	0.330	文化（2.091）	台州	0.257	0.333	0.076	文化（1.698）
苏州	0.440	0.192	−0.248	信息（1.197）	合肥	0.187	0.130	−0.057	科学（1.153）
南通	0.171	0.366	0.195	科学（1.445）	芜湖	0.231	0.342	0.111	科学（1.414）
盐城	0.284	0.254	−0.030	文化（1.945）	马鞍山	0.286	0.252	−0.034	科学（1.300）
扬州	0.283	0.166	−0.117	科学（1.196）	铜陵	0.476	0.387	−0.089	文化（1.757）
镇江	0.066	0.425	0.359	科学（1.426）	安庆	0.346	0.136	−0.210	文化（1.507）
泰州	0.266	0.126	−0.140	文化（1.440）	滁州	0.506	0.212	−0.294	科学（1.262）
杭州	0.103	0.111	0.008	信息（1.103）	池州	0.861	0.533	−0.328	文化（2.999）
宁波	0.096	0.321	0.225	文化（1.807）	宣城	0.604	0.147	−0.457	文化（1.553）
嘉兴	0.078	0.426	0.348	文化（2.014）	平均值	0.273	0.279	0.006	
湖州	0.144	0.307	0.163	文化（2.148）					

二、三大都市圈文化创意产业与区域职能结构的空间特征

为全面反映文化创意产业集聚在长三角都市圈内的空间特征，分别应用区位熵、平均集中率和空间基尼系数反映三大都市圈文化创意产业相对于其他产业的集聚特点，相对于全国平均占有率的集聚特点，以及都市圈内部的空间集聚特点（表4-12）。

表 4-12　三大都市圈文化创意产业集聚的空间特征指标

都市圈	京津冀都市圈		长三角都市圈		珠三角都市圈	
年份	2003	2015	2003	2015	2003	2015
区位熵	1.556	2.240	1.030	0.991	0.921	0.926
平均集中率	0.191	0.205	0.120	0.174	0.047	0.076
空间基尼系数	0.053	0.103	0.011	0.039	0.021	0.076

1. 相对于其他产业的集聚特点

从区位熵的结果看，2003~2015 年，京津冀都市圈文化创意产业的集聚程度相对于其他产业大幅增加，珠三角都市圈小幅上升，长三角都市圈有一定下降。其中，2003 年、2015 年京津冀都市圈文化创意产业区位熵指标值分别达到 1.556 和 2.240，远高于长三角都市圈和珠三角都市圈。2015 年，长三角都市圈和珠三角都市圈区位熵指标分别接近于 1，集聚文化创意产业的能力低于其集聚其他产业能力的平均水平。说明 2003~2015 年，京津冀都市圈文化创意产业集聚速度较快，文化创意产业的发展速度快于其他产业，而长三角都市圈中文化创意产业的重要程度和优势地位有所萎缩。

2. 相对于全国平均占有率的集聚特点

应用平均集中率测度都市圈内文化创意产业在全国的平均占有率。结果显示，2003~2015 年，三大都市圈的平均集中率均有所上升。2003 年，京津冀都市圈文化创意产业平均集中率最高，达到 0.191，长三角都市圈其次，珠三角都市圈最低，仅为 0.047，且与另外两个都市圈有较大差距，反映了在 21 世纪之初，京津冀都市圈和长三角都市圈已经集聚一定规模的文化创意产业，具备相对比较优势。2015 年，这一格局依然没有改变，京津冀都市圈文化创意产业的平均集中率达到 0.205，远高于长三角都市圈的 0.174，以及珠三角都市圈的 0.076。表明三大都市圈在文化创意产业的发展方面，相对于全国平均占有率存在较大差距，尤其是珠三角都市圈对文化创意产业吸引

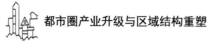

力相对较弱。

3. 都市圈内部的空间集聚特点

2003~2015 年，三大都市圈的空间基尼系数均有不同程度的增加，说明在三大都市圈内部文化创意产业向少数几个城市集中的趋势在逐渐增强。文化创意产业的局部区域集中是产业空间布局发展的必然规律，同时也是近年来都市圈产业升级的空间表现。2003 年，京津冀都市圈空间基尼系数最高，其次是珠三角都市圈和长三角都市圈，三大都市圈的空间基尼系数分别为 0.053、0.021 和 0.011。2015 年这一格局并未改变，京津冀都市圈、珠三角都市圈和长三角都市圈文化创意产业空间基尼系数分别为 0.103、0.076 和 0.039，表明文化创意产业在京津冀都市圈内部的极化集聚特征最为明显，其次是珠三角都市圈，而在长三角都市圈分布较为均衡。

通过对三大都市圈内各城市 2003~2015 年生产性服务业、文化创意产业和制造业各项指标分析，可以看到在三大都市圈中，尽管都市圈的产业结构升级整体表现为中心城市带动外围地区模式，但中心城市在产业发展方面存在较大的选择性。例如，在生产性服务业发展方面，三大都市圈中至少有一个城市的信息传输、计算机服务和软件业是相对专业化程度最高的产业类型，具有优势主导地位，而在外围城市中，多数城市的金融业相对专业化程度最高。在文化创意产业发展方面，三大都市圈多以科学研究、技术服务业，以及信息传输、计算机服务和软件业为相对专业化程度最多的门类，外围地区则为文化、体育和娱乐业。在制造业发展方面，中心城市的制造业产值上升，相对比重下降。中心城市所集中的产业门类均具有和工业高度融合的特点，也是提高自主创新能力的突破口。目前，在京津冀都市圈的北京，长三角都市圈的南京、杭州，以及珠三角都市圈的深圳、珠海等中心城市均具有相对优势，是中心城市发挥区域辐射和带动作用的重要载体，也体现了三大都市圈"以信息化带动工业化，以工业化促进信息化"的发展进程，是区域一体化基础上的专业化分工的表现。

第五节　本章小结

　　三大都市圈工业化水平相对较高，均处于工业化后期或后工业化时期，从工业化发展的内部结构看，地区差异显著，三大区域城镇化水平均高于全国平均水平，从发展的内部结构看，中心城市处于城镇化发展的高级阶段，外围地区发展程度较低。在空间分布规律上，工业化和城镇化均呈现围绕中心城市或交通沿线逐层降低的发展趋势。将制造业、生产性服务业和文化创意产业作为衡量区域职能结构的切入口，针对产业内部具体行业在都市圈内各城市中的发展，研究产业结构升级在细分行业层面的体现。实证分析的结果显示，都市圈中心城市一般集中于产业发展的高端环节，如信息和科学技术领域等，外围地区集中于产业的相对较低端环节，中心城市与外围地区呈现明显的圈层梯度，在产业结构升级过程中，中心和外围之间形成了功能互补和互惠合作的发展格局。

第五章

都市圈产业结构升级与城镇等级结构演进

通过前四章的论述可知，目前以制造业、生产性服务业、文化创意产业为代表的产业类型成为都市圈的主导产业发展方向，由相关产业资源集聚形成的规模分布格局，进而形成的规模结构能够反映以"功能性"为主导的城市相对地位和区域等级，因此，区别于传统研究中以人口规模为指标衡量城镇等级结构，本章将以制造业、生产性服务业等代表性产业资源的空间配置状况描述都市圈的城镇等级结构。

在研究方法方面，为深入分析三大都市圈由三类产业空间分布形成的城镇等级结构，为描述三类产业在全国中的整体分布情况，参考已有文献（李佳洺等，2014），应用概率累积分布图描述，即首先计算各产业在每个城市的从业人员百分比，由小到大排列；然后确定百分位，生成累积分布图。进一步地，应用城市指数法描述三类产业在京津冀、长三角、珠三角三大都市圈的分布情况，以及由此形成的城镇等级结构。

对于相关产业总体集聚特征的判断，应用目前地理学主流的测度模型，包括空间基尼系数和空间自相关指数。其中，空间基尼系数在 0~1，其值越大，表示该行业在地理上的集聚程度越高，虽然与直接的地理空间没有对应

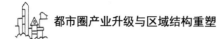

关系，但能通过数值反映产业是否集中在少数几个统计单元。相比之下，空间自相关能以多个空间单元的邻近表示集中性，因此，两种指标相互补充能够更准确地刻画产业空间集聚形态。空间自相关包括局部自相关和全局自相关：

$$\text{Local Moran's} = \frac{\left(X_i - \bar{X}\right)\sum_j W_{ij}\left(X_j - \bar{X}\right)}{m_0} \tag{5-1}$$

$$\text{Global Moran's I} = \frac{\sum_i\sum_j W_{ij}\left(X_i - \bar{X}\right)\left(X_j - \bar{X}\right)}{m_0\sum_i\sum_j W_{ij}} \tag{5-2}$$

式中，X_i、X_j 为某属性特征 X 在空间单元 i 和 j 上的观测值；$\bar{X}$ 为 X_i 的期望；m_0 为 X_i 的方差；W_{ij} 为空间权重矩阵第 i 行 j 列的元素。

通过空间基尼系数和空间自相关指数两个指标将产业集聚进一步分解为四种形态，一是两者皆低，是集聚的低水平均衡形式；二是前者低后者高，是高水平的面状集聚形式；三是前者高后者低，是分散的点状集聚形式；四是两者皆高，是分散的块状分布形式。

对于生产性服务业、文化创意产业、制造业的数据选择和处理方面与第四章一致，此外，因比较分析的需要，选择均有公共服务性质的教育产业等进行对比分析。

第一节　制造业产业结构升级与城镇等级结构演进

一、制造业产业空间集聚特征分析

2003~2015 年，我国制造业增长迅速，按照全市数据，从业人员数从2966.1 万人，增长到 5266.4 万人，增长了 77.6%。从增长速度看，2009 年从业人员数为 2003 年的 1.2 倍，2014 年从业人员数为 2009 年的 1.5 倍，增长速度加快。

1. 产业集聚属性分析

从空间基尼系数来看，制造业集聚度不高（表 5-1）。2014 年制造业集聚度略高于教育产业，但低于生产性服务业及文化创意产业。从集聚趋势来看，几类产业在 2003~2014 年，呈现自我强化集聚的发展趋势，而制造业的集聚速度虽大于教育产业，但低于文化创意产业和生产性服务业。从绝对增长幅度看，制造业的集聚幅度在 2003~2014 年增长了一倍，与生产性服务业和文化创意产业的增长幅度大致相当。这一结果显示了在 2003~2014 年，随着工业化集成加快，制造业的发展也在加速相关产业资源的地理布局重组。

表 5-1 三个年份各产业区位基尼系数（全市）

年份	制造业	生产性服务业	文化创意产业	教育产业
2003	0.0015	0.0033	0.0083	0.0027
2009	0.0021	0.0069	0.0168	0.0016
2014	0.0032	0.0066	0.0156	0.0025

2. 空间集聚形态分析

通过空间自相关的计算发现（表 5-2），制造业的 Moran's I 指数通过显著性检验，说明制造业空间集聚单元的空间邻近性较高，与空间基尼系数相互印证可以判断，制造业在我国整体呈现面状集聚，即在全国范围内，集聚单元相互邻近。

制造业的这种空间集聚形态与文化创意产业和生产性服务业迥然不同，而与作为公共服务在空间上分布较为均衡的教育产业较为相似。产业空间布局根源于个体企业的区位选择，我国整体正处于工业化的深化阶段，制造业是几乎所有地区实现经济和社会发展的产业载体，制造业的产业门类较为丰富，劳动密集型、技术密集型、知识密集型、资本密集型等给予区域更多的选择余地和发展空间，从而出现整体集中连片发展的资源配置格局。

表5-2　三个年份制造业和教育产业的 Moran's I 指数

行业	2003 年		2009 年		2014 年	
	Moran's I	P 值	Moran's I	P 值	Moran's I	P 值
制造业	0.076 959	0.000	0.085 169	0.000	0.068 995	0.000
教育产业	0.050 582	0.007	0.020 944	0.003	0.023 156	0.001

二、制造业产业集聚特征的对比分析

制造业产业集聚特征及与教育产业的对比如图 5-1 所示。

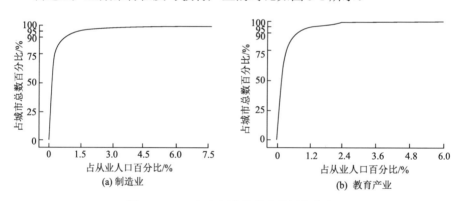

(a) 制造业　　　　　　　　　(b) 教育产业

图 5-1　2014 年各行业从业人员累积分布

1. 高位次城市中的产业集聚特征

2003~2014 年，根据全市数据来看，各行业中高于平均从业水平的城市在总从业人员中所占份额较高，与教育产业的 75% 左右相比，制造业均在 85% 以上。根据市辖区数据来看，与教育产业的 80% 左右相比，制造业高于 50% 百分位城市所占份额都在 90% 以上。2003~2014 年，制造业高于 50% 百分位城市所占份额基本都在增加（表 5-3）。

表 5-3　各行业高于 50%百分位城市所占份额变化情况 　（单位：%）

年份	制造业		教育产业	
	全市	市辖区	全市	市辖区
2003	85.30	90.14	75.14	82.92
2009	88.24	93.73	75.09	82.48
2014	89.11	93.04	76.07	83.41

整体来看，从集聚特征的角度，兼顾中心城市、中小城市中制造业企业的区位选择，考虑到产业升级引起的产业转移等因素，将以市辖区为主要考虑对象，也便于对生产性服务业和文化创意产业的定量分析。

2. 高位次城市中的分层集聚特征

在明确各行业主要集中高于 50%百分位城市的基础上，分析制造业在高于 50%百分位城市中的分层集聚特征。总体来看，2014 年，制造业在最高层级城市中占比较大，随着城市层级的降低，各层级城市所占份额呈降低趋势。制造业在≥95%和 90%~95%百分位的城市中呈现更集中的集聚状态，而在75%~90%和 50%~75%百分位的城市中呈现下降的集聚趋势。2003~2014 年，各百分位区间城市的制造业集中度最高与最低的差值中，2003 年最小，仅为23.71%，2014 年最大，为34.14%。制造业的这一集聚特征反映了该产业发展的高位次城市指向性（表 5-4）。

表 5-4　不同行业各百分位城市从业人员份额变化情况 　（单位：%）

行业	年份	城市百分位			
		≥95%	90%~95%	75%~90%	50%~75%
制造业	2003	37.60	13.89	22.27	16.38
	2009	40.88	16.91	20.43	15.51
	2014	46.88	14.89	18.54	12.74
	变化幅度	24.68	7.20	−16.75	−22.22
教育产业	2003	34.57	11.68	18.98	17.70
	2009	33.92	12.48	18.63	17.44
	2014	35.23	12.17	19.46	16.56
	变化幅度	1.91	4.20	2.53	−6.44

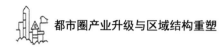

3. 首位城市集聚程度变化趋势

制造业从业人员比重最高的前 5%的城市总份额很大且呈现逐年上升的集聚趋势，需要更为细致的分析，以探讨制造业的空间发展特征。运用城市地理中的四城市指数法和十一城市指数法计算制造业的首位城市集中度。

就 2014 年数据来看，制造业首位城市集中度都在 0.5 左右，具有位序-规模特征。对 2003 年、2009 年和 2014 年这三个年份首位城市集中度进行分析，发现情况相对平稳（表5-5）。总体来看，尽管制造业在前 5%百分位城市中的集中度更高，但在这一区间的城市内部呈现均衡发展的集聚特征。

表 5-5　2003~2014 年制造业首位城市集聚程度变化趋势

行业	年份	前三层级城市产业人口相对比重/%	首位城市与第二至四层级城市产业人口之比	首位城市与第二至十一层级城市产业人口之比
制造业	2003	100/78/59	0.5	0.5
	2009	100/76/68	0.5	0.4
	2014	100/81/75	0.5	0.4
教育产业	2003	100/77/47	0.6	0.5
	2009	100/65/48	0.7	0.6
	2014	100/77/70	0.5	0.5

三、制造业与三大都市圈城镇等级结构

为了进一步分析制造业在三大都市圈中的分布，进而形成都市圈内部的城镇规模等级结构，探究制造业与三大都市圈地区属性的关联关系，本部分将以长三角、珠三角、京津冀三个区域为空间单元，研究制造业的分布规律和分布模式。三大都市圈的地区之间在城镇化、工业化所处阶段，自然条件、经济资源、经济基础、基础设施条件、文化生活水平等方面有区别，有助于更清晰地认识制造业在都市圈内部的空间集聚规律。

对比的参照系主要包括三个：一是全国制造业从业人员的分布模式；二是都市圈的人口位序-规模分布模式；三是制造业分布的三种理想模式，分别是首位城市集聚模式，即大部分的产业资源在首位城市集中；位序-规模分布模式，即首位城市集中最多的产业资源，第二层级城市次之，以此类推；均衡分布模式，即处于中间层级的城市所占有的产业资源最多，首位城市次之，最后层级的城市所占资源最少。

作为传统产业，制造业的空间布局在我国呈现典型的均衡分布模式，即从业人员更集中地分布在中间层级的城市中。制造业的这种分布模式与我国所处的经济发展阶段有关，一直以来，我国国民经济的快速发展和城镇化水平的快速提升与制造业密不可分，制造业是多数城市的主导优势产业，使得制造业从业人员在中位数左右城市的分布最多，而非分布在处于工业化后期或后工业时期的高位次城市，以及尚处于工业化初期的最低层级城市中（图5-2）。

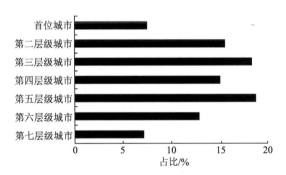

图 5-2 全国制造业从业人员分布模式

从三大都市圈制造业资源空间配置形成的功能规模等级结构关系看（图5-3~图5-5），与人口规模等级高度一致，第二层级城市所占比重最大，其次是首位城市，相比之下，第三层级城市所占比重最低。京津冀、长三角和珠三角三大都市圈中制造业在所有中间层级城市的集聚度均较高，高于首位城市和其他层级城市，呈现类似正态分布的均衡分布模式。三种分布模式的城

镇等级规律同样适用于都市圈，不过对比也显示三大都市圈在总体特征基本
一致的基础上，在细节上也有差异。其中，珠三角都市圈首位城市的制造业
资源与第二层级城市差距较其他两个都市圈更大。京津冀都市圈、长三角都
市圈的城市中，首位城市的制造业资源几乎与第二层级城市相当，而第三层
级城市的制造业资源相对较少，尤其在京津冀都市圈表现较为突出，第三层
级城市制造业所占资源仅相当于第二层级城市的1/5，相当于首位城市的1/4
左右。这一结果表明，以制造业为支撑的区域网络体系中，京津冀都市圈和
长三角都市圈的首位城市和第二层级城市处于较高等级地位，且在这一职能
体系中，首位城市的地位超过其人口规模等级，相比之下，第三层级城市发
展较为滞后。

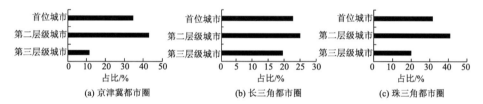

图 5-3　2014 年三大都市圈人口位序-规模分布结构

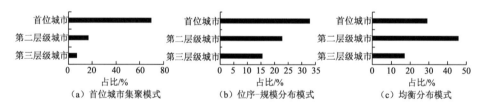

图 5-4　2014 年都市圈制造业分布理想模式

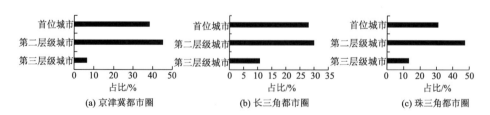

图 5-5　2014 年三大都市圈制造业从业人员分布模式

第二节　生产性服务业产业结构升级
与城镇等级结构演进

一、生产性服务业空间集聚特征分析

20 世纪 90 年代以来，生产性服务业在我国迅速发展，在产业体系中，生产性服务业的主要作用是为工业生产提供服务，其本身具有创新性强、产业融合度高等优点，目前已成为全球产业竞争的战略制高点。

2003~2015 年，我国生产性服务业增长迅速，根据全市数据，从业人员数从 2064.4 万人，增长到 3862.8 万人，增长了 87%。从增长速度看，2009 年从业人员数为 2003 年的 1.06 倍，2014 年从业人员数为 2009 年的 1.75 倍，表明 2009 年之后我国生产性服务业进入了快速增长的新阶段。在生产性服务业所包含的六个产业门类中，2009~2014 年，批发和零售业，金融业，租赁和商务服务业，交通运输、仓储和邮政业，科学研究、技术服务业，信息传输、计算机服务和软件业从业人员数分别增长了 123.5%、36.9%、85.1%、49.6%、56.8%、116.5%。

1. 产业集聚属性分析

从空间基尼系数来看，生产性服务业产业集聚程度高于制造业和教育产业，但低于文化创意产业（表 5-6，表 5-7）。2014 年生产性服务业集聚度为 0.0066，从集聚趋势来看，2003~2014 年，集聚度增长两倍，总体呈现自我强化集聚的发展趋势，且生产性服务业的集聚速度高于制造业和文化创意产业。这一结果显示 2003~2014 年，随着工业化和城镇化进程加快，生产性服务业的发展也在加速相关产业资源的地理布局重组，空间布局的不平衡性增强。

表 5-6　三个年份各产业区位基尼系数（全市）

年份	制造业	生产性服务业	文化创意产业	教育产业
2003	0.0015	0.0033	0.0083	0.0027
2009	0.0021	0.0069	0.0168	0.0016
2014	0.0032	0.0066	0.0156	0.0025

表 5-7　三个年份生产性服务业细分产业空间基尼系数（全市）

年份	生产性服务业	批发和零售业	交通运输、仓储和邮政业	信息传输、计算机服务和软件业	金融业	租赁和商业服务业	科学研究、技术服务业
2003	0.0033	0.0045	0.0024	0.0096	0.0012	0.0287	0.0143
2009	0.0069	0.0033	0.0047	0.0284	0.0008	0.0466	0.0181
2014	0.0066	0.0077	0.0044	0.0227	0.0030	0.0226	0.0154

2. 空间集聚形态分析

通过空间自相关的计算发现（表 5-8），生产性服务业的 Moran's I 指数在部分年份通过显著性检验。2003 年通过 5%的显著性检验，Moran's I 指数显著为正，说明 2003 年生产性服务业空间集聚单元的空间邻近性较高，即各省份之间高值与高值相邻接，低值与低值相邻接，邻近单元间空间差异较小。2009 年，生产性服务业的分布空间依赖度较低。2014 年通过显著性检验，Moran's I 指数为正，存在正的空间自相关，与空间基尼系数相互印证可以判断，生产性服务业在我国整体呈现面状集聚，即在全国范围内，集聚单元相互邻近。

表 5-8 三个年份生产性服务业的 Moran's I 指数

行业	2003 年		2009 年		2014 年	
	Moran's I	P 值	Moran's I	P 值	Moran's I	P 值
生产性服务业	0.170 600	0.045	0.092 700	0.117	0.120 500	0.087
制造业	0.076 959	0.000	0.085 169	0.000	0.068 995	0.000
教育产业	0.050 582	0.007	0.020 944	0.003	0.023 156	0.001

二、生产性服务业集聚特征的对比分析

2014 年，根据全市数据来看，各行业中高于平均从业水平的城市在总从业人员中所占份额较高，生产性服务业中的六类产业均超过 80%（图 5-6）。

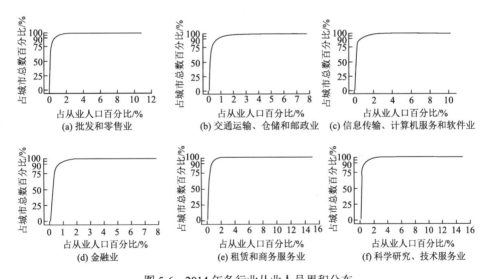

图 5-6 2014 年各行业从业人员累积分布

1. 高位次城市中的产业集聚特征

2003~2014 年，生产性服务业在高于 50%百分位城市所占份额除信息传输、计算机服务和软件业外均略有减少（表 5-9）。根据市辖区数据来看，各

行业中高于平均从业水平的城市在总从业人员中所占份额较高，生产性服务业中的六类产业均超过85%。2003~2014年，生产性服务业在高于50%百分位城市所占份额均有不同幅度的增加，反映在市域空间单元层面上生产性服务业有向市辖区集聚的特征（表5-10）。

表5-9　各行业高于50%百分位城市所占份额变化情况（全市）（单位：%）

年份	批发和零售业	交通运输、仓储和邮政业	信息传输、计算机服务和软件业	金融业	租赁和商务服务业	科学研究、技术服务业
2003	91.70	92.22	89.64	85.41	96.43	93.91
2009	87.28	87.31	86.25	80.60	93.02	90.28
2014	89.51	88.18	89.99	82.25	93.62	90.71

表5-10　各行业高于50%百分位城市所占份额变化情况（市辖区）（单位：%）

年份	批发和零售业	交通运输、仓储和邮政业	信息传输、计算机服务和软件业	金融业	租赁和商务服务业	科学研究、技术服务业
2003	89.18	90.10	87.84	84.81	95.29	93.48
2009	91.70	92.22	89.64	85.41	96.43	93.91
2014	91.62	91.39	91.17	86.53	95.92	94.20

2. 高位次城市中的分层集聚特征

在明确各行业主要集中于高于50%百分位城市的基础上，分析生产性服务业在高于50%百分位城市中的分层集聚特征。总体来看，2014年，生产性服务业六个门类在最高层级城市中占比较大，随着城市层级的降低，各层级城市所占份额呈降低趋势。进一步地，生产性服务业在≥95%的城市中呈现更集中的集聚状态，而在其他百分位区间的城市中呈现下降的集聚趋势。从产业门类的集聚幅度看，2003~2014年，六类产业中集聚幅度提升最快的是信息传输、计算机服务和软件业，2003~2014年提高了近30%，批发和零售业及交通运输、仓储和邮政业提高均超过15%，金融业的提高幅度也接近10%。

2014 年，各百分位区间城市的生产性服务业集中度最高与最低的差值中，租赁和商务服务业及科学研究、技术服务业的差值均在 50 左右。生产性服务业的这一集聚特征反映了该产业发展在区位选择等方面的高位次城市指向性（表 5-11）。

表 5-11　不同行业各百分位城市从业人员份额变化情况（市辖区）（单位：%）

行业	年份	城市百分位			
		≥95%	90%~95%	75%~90%	50%~75%
批发和零售业	2003	43.89	13.39	17.94	13.97
	2009	49.83	13.58	15.61	12.69
	2014	51.12	12.59	16.26	11.65
	变化幅度	16.47	−5.98	−9.37	−16.61
交通运输、仓储和邮政业	2003	44.78	14.22	17.95	13.15
	2009	51.64	14.51	15.29	10.78
	2014	51.59	12.47	16.31	11.01
	变化幅度	15.21	−12.31	−9.14	−16.27
信息传输、计算机服务和软件业	2003	47.34	11.04	15.46	14.01
	2009	54.22	9.71	13.9	11.81
	2014	61.44	10.1	10.73	8.9
	变化幅度	29.78	−8.51	−30.60	−36.47
金融业	2003	35.44	12.6	19.41	17.37
	2009	37.73	11.37	19.2	17.12
	2014	38.66	11.85	19.58	16.43
	变化幅度	9.09	−5.95	0.88	−5.41
租赁和商务服务业	2003	60.76	11.29	14.43	8.81
	2009	65.08	10.37	13.25	7.73
	2014	62.7	11.04	14.76	7.42
	变化幅度	3.19	−2.21	2.29	−15.78
科学研究、技术服务业	2003	56.09	11.29	13.09	8.9
	2009	57.88	10.37	12.86	8.25
	2014	57.89	14.25	14.26	7.79
	变化幅度	3.21	26.22	8.94	−12.47

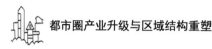
3. 首位城市集聚程度变化趋势

生产性服务业从业人员比重最高的前 5%百分位城市总份额很大且呈现逐年上升的集聚趋势，需要更为细致的分析，以探讨其空间发展特征。运用四城市指数法和十一城市指数法衡量生产性服务业各行业的首位城市集中度。

就 2014 年数据来看，生产性服务业首位城市集中度多数在 1 左右，具有位序−规模特征。对 2003 年、2009 年和 2014 年的首位城市集中度进行分析，发现情况相对平稳（表 5-12）。总体来看，尽管生产性服务业在前 5%百分位城市中的集中度更高，但批发和零售业，交通运输、仓储和邮政业，金融业在这一区间的城市内部呈现均衡发展的集聚特征，而其他三类生产性服务业的城市集中度更高。

表 5-12　2003~2014 年生产性服务业各行业首位城市集聚程度变化趋势

行业	年份	前层级城市产业人口相对比重/%	首位城市与第二至四层级城市产业人口之比	首位城市与第二至十一层级城市产业人口之比
批发和零售业	2003	100/71/47	0.66	0.34
	2009	100/51/25	1.00	0.41
	2014	100/77/28	0.76	0.40
交通运输、仓储和邮政业	2003	100/88/50	0.57	0.28
	2009	100/71/45	0.69	0.32
	2014	100/97/51	0.53	0.29
信息传输、计算机服务和软件业	2003	100/24/16	2.01	0.94
	2009	100/18/15	2.12	0.98
	2014	100/44/24	1.11	0.55
金融业	2003	100/95/40	0.60	0.29
	2009	100/86/15	0.63	0.31
	2014	100/77/21	0.84	0.43
租赁和商务服务业	2003	100/39/14	1.58	0.92
	2009	100/25/15	1.89	0.98
	2014	100/86/33	0.66	0.46
科学研究、技术服务业	2003	100/28/21	1.56	0.68
	2009	100/48/20	1.21	0.59
	2014	100/42/26	1.14	0.54

三、生产性服务业与三大都市圈城镇等级结构

西方学者从 20 世纪中期关注生产性服务业，对生产性服务业集聚的探索始于 20 世纪 70 年代。多数研究认为，生产性服务业企业的区位选择具有地理集中性。很多学者对美国、英国和加拿大等国（Gillespie and Green，1987；Coffey and McRae，1989），或是对北欧经济较发达城市的生产性服务业空间集聚进行了案例分析（Illeris and Sjoholt，1995），进一步地，生产性服务业的空间集聚可以被总结为集中、分散、极化等多种模式（Bryson，1997；Shearmur and Alvergne，2002）。多数学者发现，生产性服务业具有规模报酬递增的特性，这与集聚经济密切相关（Beyers and Alvine，1985）。

20 世纪 80 年代以来，随着服务业在国民经济所占比重逐渐增加，服务业的地理空间集聚逐渐引起我国学者的关注。多数文献的研究认为，我国服务业存在集聚现象，但集聚水平不高，且集聚程度存在地区和产业的结构性差异（陈立泰和张祖妞，2010；管驰明和高雅娜，2011）。针对区域层面的实证研究较多，如对长三角地区（高春亮和乔均，2010），辽中南城市群（陈红霞，2012b）城市服务业空间集聚特征的分析等。更多的研究集中于城市内部，如张文忠（1999）研究了大都市区生产性服务业的区位选择，闫小培和钟韵（2005）对广州，贺灿飞（2006）、赵群毅和周一星（2007）、李耀光和赵弘（2010）对北京生产性服务业空间集聚特征的分析等。对于生产性服务业集聚的作用，有研究认为，生产性服务业的空间布局及变化影响城市空间结构的走向，促使其向多功能、多核心的空间结构转变（冯海华等，2008）。基于产业链分工，大都市因高级生产性服务业集聚而逐渐成为区域的管理控制中心（魏后凯，2007），且具有生产性服务业的专业化特点及与制造业的（空间）协同效应（梁进社等，2005）。但截至目前，对都市圈生产性服务业空间集聚特征及全国生产性服务业的空间集聚特征的文献还相对较少。

为了进一步分析生产性服务业在三大都市圈中的分布，进而形成都市圈内部的规模等级结构，探究制造业与三大都市圈地区属性的关联关系，本部

分将以长三角、珠三角、京津冀三个区域为空间单元，研究生产性服务业六个门类的分布规律和分布模式。三大都市圈的地区之间在城镇化、工业化所处阶段，产业发展基础不同，自然条件、经济资源、经济基础、基础设施条件、与制造业的关联耦合关系等方面有区别，三大都市圈的对比分析有助于更清晰地认识生产性服务业在圈域维度的空间集聚规律。对比的参照系同样包括三个：一是全国生产性服务业从业人员的分布模式；二是都市圈的人口位序-规模分布模式；三是生产性服务业分布的三种理想模式。

已有的研究通过对全国尺度、八大区尺度和省域尺度空间基尼系数和空间洛伦兹曲线的分析，认为我国生产性服务业空间集聚整体呈现"均衡—非均衡"的极化发展趋势（陈红霞和李国平，2016b）。具体地，沿海地带，即北部沿海、东部沿海和南部沿海，成为生产性服务业区位选择最为集中的地区。在省域尺度上，由多中心向极化演进的特征表现为，北京、江苏、广东成为生产性服务业最集中的地区，除重庆、四川集聚性有所提升，其他先前优势地区的集聚地位多数有所下降。本部分从生产性服务业整体分布模式研究可知，信息传输、计算机服务和软件业，租赁和商务服务业，科学研究、技术服务业呈现位序-规模分布模式；批发和零售业，交通运输、仓储和邮政业，金融业呈现均衡分布模式（图5-7）。

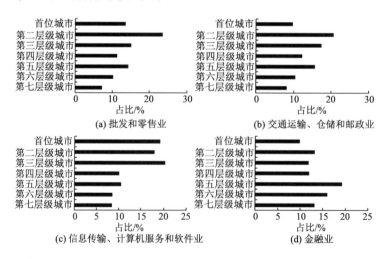

(a) 批发和零售业　　　　(b) 交通运输、仓储和邮政业

(c) 信息传输、计算机服务和软件业　　　　(d) 金融业

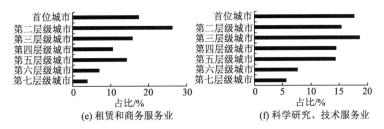

(e) 租赁和商务服务业　　　　　(f) 科学研究、技术服务业

图 5-7　2014 年全国生产性服务业从业人员分布模式

在生产性服务业资源空间配置形成的区域城镇规模等级关系中，珠三角都市圈的租赁和商务服务业，交通运输、仓储和邮政业，金融业，批发和零售业整体呈现均衡分布模式，表明区域内部城镇体系在制造业发展中所处的地位较为均衡。相比之下，京津冀都市圈在生产性服务业资源空间配置中，更趋近于首位城市集中模式，反映了该产业在空间发展的不平衡性，具体表现为首位城市集聚度不高，第二层级城市有一定优势，绝大多数城市发展迟缓。长三角都市圈生产性服务业资源配置总体呈现位序-规模分布模式，严格的位序-规模分布是依据位序-规模法则（rank-size rule）推理得出的一种理想状态，即一个城市的规模与它在所有城市中按人口规模排列所处的位序之间存在稳定的量化关系。在长三角都市圈中的表现为位序-规模分布模式，具体为首位城市、第二层级城市和第三层级城市所占生产性服务业资源份额呈现逐级降低，体现了高层级城市生产性服务业资源集聚能力较强地区发展的不均衡性。因此，在都市圈协同发展过程中，应加强都市圈内部中小城市的培育，增强基础条件优越的部分城市生产性服务业资源的集聚能力，提升城市的外向服务功能，增强都市圈竞争力（图 5-8~图 5-12）。

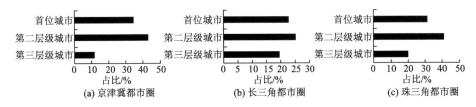

(a) 京津冀都市圈　　　　(b) 长三角都市圈　　　　(c) 珠三角都市圈

图 5-8　2014 年三大都市圈人口位序-规模分布结构

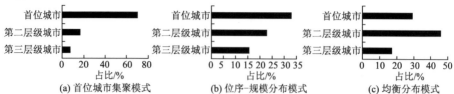

图5-9　2014年都市圈生产性服务业分布理想模式

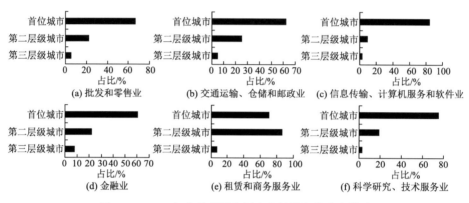

图5-10　2014年京津冀都市圈生产性服务业分布模式

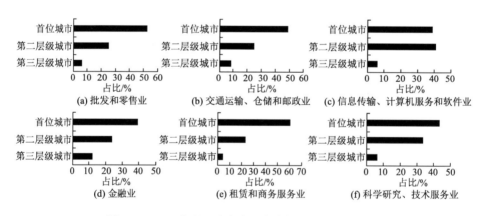

图5-11　2014年长三角都市圈生产性服务业分布模式

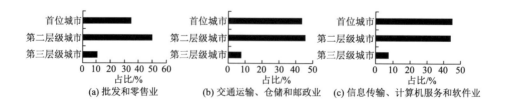

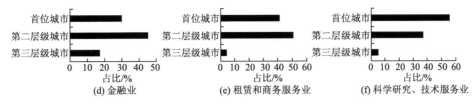

图 5-12　2014 年珠三角都市圈生产性服务业分布模式

第三节　文化创意产业结构升级与城镇等级结构演进

一、文化创意产业空间集聚特征分析

文化、经济与地理理论的结合是我国地理学界当前关注的重要议题之一（赵继敏和刘卫东，2009）。通过文献梳理可以发现，目前的研究多是从城市角度展开，对于文化创意产业集聚规律的分析，还主要集中于产业类型的判断和文化创意产业的空间布局方式。本研究试图基于都市圈地级市数据进行实证研究，从都市圈尺度分析文化创意产业的总体集聚特征，并从区域层面探讨文化创意产业的集聚差异，相关研究结论将进一步实证"文化创意产业"与"地区属性"的关联，从而为认识都市圈职能结构和相关产业的发展规律提供新的视角。

2003~2014 年，我国文化创意产业增长迅速，按照全市数据，从业人员数从 442.68 万人，增长到 893.91 万人，增长了一倍。从增长速度看，2009 年从业人员数为 2003 年的 1.3 倍，2014 年从业人员数为 2009 年的 1.6 倍，增长速度加快。在文化创意产业所包含的三个产业中，2009~2014 年，信息产业、科学研究和文化产业从业人员数分别增长了 106%、53.4%和 17.8%。

1. 产业集聚属性分析

从空间基尼系数来看，文化创意产业的集聚度较高（表 5-13）。2014 年文化创意产业中三类产业的集聚度均超过制造业，也远高于教育产业，其中，信息传输、软件和信息技术服务业的集聚度最高，空间基尼系数为 0.0227，是制造业的 7.1 倍。科学研究、技术服务业，文化、体育和娱乐业的集聚度也分别达到 0.0154 和 0.0074，分别是制造业的 4.8 倍和 2.3 倍。从集聚趋势来看，几类产业在 2003~2014 年，呈现自我强化集聚的发展趋势，而文化创意产业的集聚速度远大于制造业。文化、体育和娱乐业集聚速度最快，由 2003 年的 0.0024 增加到 2014 年的 0.0074，增长率为 208%，信息传输、软件和信息技术服务业次之，由 2003 年的 0.0096 增加到 2014 年的 0.0227，增长率达到 136%。这一结果显示 2003~2014 年，文化创意产业的快速发展引起了地理布局重组，同时，文化创意产业的行业之间集聚差异比较明显，印证了文化创意产业的区位选择性。

表 5-13　三个年份文化创意产业与教育产业、制造业区位空间基尼系数

年份	文化创意产业				制造业	教育产业
	文化创意产业总体	信息传输、软件和信息技术服务业	科学研究、技术服务业	文化、体育和娱乐业		
2003	0.0083	0.0096	0.0143	0.0024	0.0015	0.0027
2009	0.0168	0.0284	0.0181	0.0069	0.0021	0.0016
2014	0.0156	0.0227	0.0154	0.0074	0.0032	0.0025

2. 空间集聚形态分析

已有的研究认为文化创意产业本身对创业、创新等活动的依赖性使得其具有地理集中性（Scott，2006；O'Connor，2010），而对"空间适宜性"的主观感知使得这种集聚具有选择性（Drake，2003）。近年来，国外越来越多的研究将这种集聚与"特定地区的文化属性"相关联，认为文化创意产业的产生和发展根植于地方文化（Scott，2014；Lazzeretti and Francesco，2015）。在国内文献中，对文化创意产业集聚性的研究主要集中在城市内部，如分析该产

业在市域范围内的布局形态（王晖，2010；王慧敏，2012）、集聚效益（钟韵和刘东东，2012）、影响因素（陈建军和葛宝琴，2008）、管理方式（魏鹏举和杨青山，2010）。也有学者探讨了我国文化创意产业的总体规律，认为我国已形成六大文化创意产业集群，并存在中心城区、中心城区外围、邻近高科技园和远郊县（区）四大空间布局模式（张蓄，2013），把握该产业发展方向，对于从制造型向创意型发展的我国具有重要意义（陈汉欣，2008）。

通过空间自相关的计算发现（表5-14），文化创意产业的Moran's I指数均没有通过显著性检验，说明文化创意产业空间集聚单元的空间邻近性较低，与空间基尼系数综合分析可以判断，文化创意产业在我国整体呈现分散的点状集聚形态，即在全国范围内，集中于少数的空间单元，但集聚单元相互分割。

表5-14　三个年份文化创意产业与教育产业、制造业Moran's I指数

行业	2003年		2009年		2014年	
	Moran's I	P值	Moran's I	P值	Moran's I	P值
信息传输、软件和信息技术服务业	0.011 396	0.173	−0.001 110	0.607	−0.001 796	0.794
科学研究、技术服务业	0.006 796	0.444	−0.003 270	0.970	−0.000 087	0.603
文化、体育和娱乐业	0.004 722	0.597	−0.002 610	0.882	−0.000 272	0.622
制造业	0.076 959	0.000	0.085 169	0.000	0.068 995	0.000
教育产业	0.050 582	0.007	0.020 944	0.003	0.023 156	0.001

文化创意产业的这种集聚特征与生产性服务业较为类似，而有别于呈现面状集聚特征的制造业分布，以及作为公共服务在空间上分布较为均衡的教育行业。产业空间布局根源于个体企业的区位选择，文化创意产业对创新、知识和信息等要素的依赖使得其区位选择更倾向于这些资源较为丰富的城市地区。另外，与传统产业不同，文化创意产业的企业对生产活动所需空间的

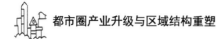

要求并不高，因此，随着专业分工和产业链延伸，文化创意产业在实现规模经济的同时，可以嵌入非邻近区域的分工网络，从而出现局部集中、整体分散的资源配置格局。

二、文化创意产业集聚特征的对比分析

应用概率累积分布图描述文化创意产业在全国城市中的整体分布情况，计算结果如图 5-13 所示。

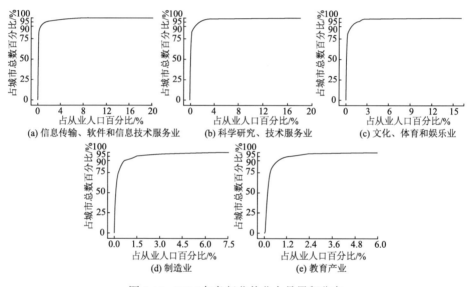

图 5-13　2014 年各行业从业人员累积分布

1. 高位次城市中的产业集聚特征

2014 年，根据全市数据来看，各行业中高于平均从业水平的城市在总从业人员中所占份额较高，除教育产业外，其他行业都在 85%以上。根据市辖区数据来看，除教育外，其他行业高于 50%百分位城市所占份额都在 90%以上。2003~2014 年，五个行业高于 50%百分位城市所占份额基本都在增加（表5-15，表 5-16）。

表 5-15　各行业高于 50%百分位城市所占份额变化情况（全市）（单位：%）

年份	信息传输、软件和信息技术服务业	科学研究、技术服务业	文化、体育和娱乐业	制造业	教育产业
2003	83.26	89.84	84.46	85.30	75.14
2009	86.15	91.31	84.99	88.24	75.09
2014	90.00	90.71	85.90	89.11	76.07

表 5-16　各行业高于 50%百分位城市所占份额变化情况（市辖区）（单位：%）

年份	信息传输、软件和信息技术服务业	科学研究、技术服务业	文化、体育和娱乐业	制造业	教育产业
2003	87.69	93.40	89.77	90.14	82.92
2009	89.41	93.66	90.33	93.73	82.48
2014	91.32	94.24	90.98	93.04	83.41

　　整体来看，从集聚特征的角度，文化创意产业主要集中在大于各行业平均从业水平的城市，且在市区与市辖区的比较中，更集中于市辖区，体现了文化创意产业对知识、创新等要素的依赖性较强，而对传统自然资源要素的依赖性较低的区位选择特点[①]。在市辖区与全市所占份额的比较中，文化创意产业中的文化、体育和娱乐业的市辖区集中度更高，其次是科学研究、技术服务业及信息传输、软件和信息技术服务业，对比分析的两组教育产业和制造业的市辖区集中度也较高。从集聚趋势来看，文化创意产业无论在全市还是市辖区，集聚度都在提升，且在全市提升的幅度大于市辖区。其中，信息传输、软件和信息技术服务业在高于 50%百分位城市的全市尺度和市辖区尺度的提升幅度分别是 8.10%和 4.14%，反映了该产业的在高位次城市中由市辖区向全市扩散的变化趋势。

---

① 由于文化创意产业的这一集聚特点，在以下内容的分析中，如不特别说明，将以市辖区为空间范围。

2. 高位次城市中的分层集聚特征

在明确各行业主要集中于高于 50%百分位城市的基础上，进一步分析文化创意产业中的不同行业在高于 50%百分位城市中的分层集聚特征。总体来看，2014 年，信息传输、软件和信息技术服务业，科学研究、技术服务，文化、体育和娱乐业在最高层级城市中占比较大，随着城市层级的降低，各层级城市所占份额呈降低趋势。文化创意产业在≥95%百分位的城市中呈现更集中的集聚状态，而在 90%~95%和 50%~75%百分位区间的城市中呈现下降的集聚趋势。在 75%~90%百分位区间的城市中，信息传输、软件和信息技术服务业呈现下降的集中趋势，其他两类科学研究、技术服务业及文化、体育和娱乐业呈现上升的集中趋势。2014 年，各百分位区间城市的文化创意产业集中度最高与最低的差值中，信息传输、软件和信息技术服务业最大，其次是科学研究、技术服务业及文化、体育和娱乐业，表明信息传输、软件和信息技术服务业的产业极化集聚的特征更为突出。此外，从各产业在各百分位城市集聚趋势的变化幅度看，各产业最高层级城市从业人员所占份额基本呈增加趋势，其中信息传输、软件和信息技术服务业增加幅度最大，达到 29.05%，说明这一产业发展的高位次城市指向性更强（表 5-17）。

表 5-17　不同行业各百分位城市从业人员份额变化情况　（单位：%）

行业	年份	城市百分位			
		≥95%	90%~95%	75%~90%	50%~75%
信息传输、软件和信息技术服务业	2003	47.34	11.04	15.46	13.86
	2009	54.09	9.68	13.86	11.78
	2014	61.09	10.69	10.91	8.64
	变化幅度	29.05	−3.17	−29.43	−37.66
科学研究、技术服务业	2003	56.09	15.39	13.09	8.82
	2009	57.73	14.88	12.83	8.22
	2014	57.72	14.43	14.37	7.72
	变化幅度	2.91	−6.24	9.78	−12.47

续表

行业	年份	城市百分位			
		≥95%	90%~95%	75%~90%	50%~75%
文化、体育和娱乐业	2003	46.45	16.00	15.93	11.39
	2009	47.47	16.47	15.59	10.81
	2014	50.15	14.15	16.42	10.26
	变化幅度	7.97	−11.56	3.08	−9.92
制造业	2003	37.60	13.89	22.27	16.38
	2009	40.88	16.91	20.43	15.51
	2014	46.88	14.89	18.54	12.74
	变化幅度	24.68	7.20	−16.75	−22.22
教育产业	2003	34.57	11.68	18.98	17.70
	2009	33.92	12.48	18.63	17.44
	2014	35.23	12.17	19.46	16.56
	变化幅度	1.91	4.20	2.53	−6.44

3. 首位城市集聚程度变化趋势

各行业从业人员比重最高的前5%百分位城市总份额很大且呈现逐年上升的集聚趋势，需要更为细致的分析，以探讨文化创意产业的空间发展特征。运用城市地理中四城市指数法和十一城市指数法计算文化创意产业各行业的首位城市集中度。

就2014年数据来看，信息传输、软件和信息技术服务业，科学研究、技术服务业及文化、体育和娱乐业首位城市集中度都在1.0左右，具有位序-规模特征。对2003年、2009年和2014年的各行业首位城市集中度进行分析，发现信息传输、软件和信息技术服务业首位城市集中度明显下降，科学研究、技术服务业逐渐下降，而其他行业变化情况相对平稳（表5-18）。

总体来看，尽管文化创意产业在前5%百分位城市中的集中度更高，但在这一区间的城市内部呈现均衡发展的集聚特征，从均衡的幅度看，信息传输、软件和信息技术服务业最大，其次是科学研究、技术服务业及文化、体育和娱乐业。

表 5-18　2003~2014 年文化创意产业各行业首位城市集聚程度变化趋势

行业	年份	前 3 位城市产业人口相对比重/%	首位城市与第二至四层级城市产业人口之比	首位城市与第二至十一层级城市产业人口之比
信息传输、软件和信息技术服务业	2003	100/24/16	2.0	1.9
	2009	100/18/15	2.2	2.0
	2014	100/44/25	1.1	1.0
科学研究、技术服务业	2003	100/28/21	1.6	1.4
	2009	100/48/20	1.2	1.2
	2014	100/42/26	1.1	1.0
文化、体育和娱乐业	2003	100/40/22	1.2	1.1
	2009	100/45/13	1.5	1.9
	2014	100/38/33	1.1	1.0
制造业	2003	100/78/59	0.5	0.5
	2009	100/76/68	0.5	0.4
	2014	100/81/75	0.5	0.4
教育产业	2003	100/77/47	0.6	0.5
	2009	100/65/48	0.7	0.6
	2014	100/77/70	0.5	0.5

三、文化创意产业与三大都市圈城镇等级结构

同样，为了进一步分析文化创意产业在三大都市圈中的分布，进而形成都市圈内部的规模等级结构，探究文化创意产业与三大都市圈地区属性的关联关系，本部分将以长三角、珠三角、京津冀三个区域为空间单元，研究文化创意产业的分布规律和分布模式，有助于更清晰地认识文化创意产业在都市圈内部的空间集聚规律。

对比的参照系主要包括三个：一是全国文化创意产业从业人员的分布模式；二是都市圈的人口位序-规模分布模式；三是都市圈文化创意产业从业人

员分布的理想模式。

从全国尺度看，文化创意产业从业人员呈现位序-规模分布模式。从首位城市、第二层级城市到第六层级城市，总体呈现从高到低，较为整齐的递减趋势，大致符合位序-规模分布模式（图5-14）。

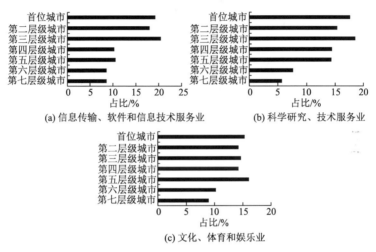

图5-14　2014年全国文化创意产业从业人员分布模式

从产业发展的一般规律来看，文化创意产业处于技术创新和研发等产业价值链的高端环节，具有高附加值和高收益等优势；在世界经济发展的现实背景下，文化在社会经济文化生活中的地位快速上升，与经济的交融度也越来越高，因此，文化创意产业是实现地区经济转型升级，甚至跨越式发展的重要抓手。文化创意产业对创新、知识和信息等要素的依赖使得其区位选择更倾向于这些资源较为丰富的城市地区，在空间集聚方面，文化创意产业对"地区属性"的偏好及其"区位选择性"也体现了区际差异的一般性规律。京津冀都市圈文化创意产业整体呈现首位城市集聚模式，即都市圈中心城市的文化创意产业资源规模大于其他层级城市，反映了该都市圈在文化创意资源空间配置上的极化特征。长三角都市圈文化创意产业的集聚可以从城市的相关产业从业人员规模和城市位序-规模的关系角度来考察。该都市圈文化创意产业从业人员分布表现为，从首位城市、第二层级城市到第三层级城市，总体呈现从高到低，较为整齐的递减趋势，大致符合位序-规模模式。珠三角都市圈各层级城市在文化创意产业资源的空间配置上有别于京津冀都市圈和长三角都市圈，其首位城市和第二层级城市的相关产业资源占有量大致相当，反映了这两个层级城市的文化创意产业竞争力远高于其他层级城市（图 5-15～图 5-19）。

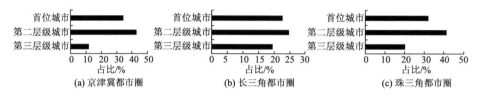

图 5-15　2014 年三大都市圈人口位序-规模分布结构

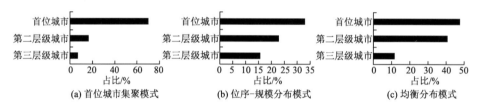

图 5-16　2014 年都市圈文化创意产业分布的理想模式

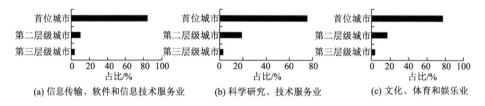

图 5-17　2014 年京津冀都市圈文化创意产业从业人员分布模式

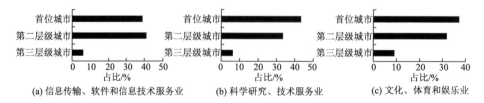

图 5-18　2014 年长三角都市圈文化创意产业从业人员分布模式

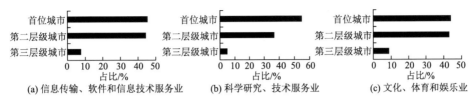

图 5-19 2014 年珠三角都市圈文化创意产业从业人员分布模式

第四节 本 章 小 结

本章认为城镇规模等级的测算能够反映城镇人口规模的绝对值，以及由此体现的城镇体量等级，但无法衡量城镇由于功能大小体现的能力等级。本章研究的思路是，利用代表产业的从业人员数据测算城镇功能性，并由此刻画城镇在相互影响中的地位和作用，以及构成的都市圈城镇位序和都市圈城镇结构。在这一思路指引下，选择制造业、生产性服务业和文化创意产业，应用概率累积分布、Moran's I 指数等指标模型测算。研究认为，第一，从三大都市圈制造业资源空间配置形成的功能规模等级结构关系来看，与人口规模等级高度一致，长三角都市圈和珠三角都市圈中制造业呈现类似正态分布的均衡分布模式。第二，在生产性服务业资源空间配置形成的区域城镇规模等级关系中，珠三角都市圈整体呈现均衡分布模式，京津冀都市圈更趋近于首位城市集中模式，反映了该产业在空间发展的不平衡性，长三角都市圈则表现为首位城市集聚模式。在空间集聚方面，文化创意产业对"地区属性"的偏好及其"区位选择性"也体现了区际差异的一般性规律。京津冀都市圈文化创意产业整体呈现首位城市集聚模式，长三角都市圈大致符合位序-规模模式，珠三角都市圈各级城市在文化创意产业资源的空间配置上有别于京津冀都市圈和长三角都市圈，其首位城市和第二层级城市的相关产业资源占有量大致相当。

第六章

都市圈产业结构升级与区域治理结构演进

伴随着京津冀、长三角、珠三角三大都市圈区域产业结构升级，中心城市和外围地区产业结构调整形成的地方专业化，并以此为基础构建了区域分工合作关系。都市圈的形成和发展依赖于都市圈内地区之间的经济分工合作，都市圈产业结构升级推动了地区产业分工合作，此外，地区产业合作也影响区域产业结构升级，优势互补的合作方式和贸易形式强化了地区的优势产业，使城市定位更明确，主导产业的发展方向更清晰，并促成了产业规模扩大和技术的更新换代。同时，地区之间的分工合作也处于不断变化中，随着地区互动关系的变化，区域产业结构动态调整，使分工合作决定的互动关系受到影响，引发了都市圈治理协同发展的现实需求。本章的基本思路是从三大都市圈产业结构升级来分析区域分工合作及区域治理实践，通过对比分析探索都市圈治理的特点和发展趋势[①]。

[①] 本章部分内容已发表（陈红霞，2012c；陈红霞和李国平，2016a）。

第一节 都市圈治理结构的特点

一、都市圈治理的特殊性

1. 都市圈治理的特点

从功能角度界定的都市圈作为一种特殊类型的区域，不同于城市和其他地区的显著特点主要在于以下两个方面。

第一，都市圈没有公认的界定标准，没有明确的空间边界。最初的都市圈形成是城市中心区影响边界不断扩大，以及区际之间分工合作联系加强的结果，尽管学术界试图通过通勤时间和距离、人口规模和密度等指标衡量和界定其边界，但由于区域系统的复杂性、地区发展的差异性等问题，目前在国际国内尚未形成共识。随着经济全球化和区域经济一体化推进，近年来从都市圈规划角度出发的都市圈营建越来越受到重视，尽管界定了都市圈范围，但与实际的经济影响力、社会活动的空间尺度等都市圈功能并不能实现完全匹配。现实发展中如巴黎大都市圈、东京都市圈、珠三角都市圈等都存在狭义和广义之分，亦是根据不同的功能范畴进行的界定，从这一角度上看，对这一特殊区域的治理显然有别于其他具有明确边界的行政单元。

第二，都市圈治理所涉及治理对象利益的难以兼顾性。都市圈治理的对象是都市圈内的城市，所涉及的经济、社会等问题均超过个体城市治理能力所及的范围，大多需要多个地区的有效沟通协调，如都市圈内部断头路的修建，打破地方贸易壁垒建立统一的大市场，生态环境保护及可持续发展等，而这些问题的解决不可避免地涉及个体利益与整体利益的协调，短期利益与长期利益的协调等，即对治理对象利益的兼顾和平衡。

2. 都市圈治理的现实困境

都市圈治理在实际推进的过程中也面临诸多现实问题，主要包括两个方面：一是没有明确的管理主体。从目前国内三大都市圈来看，京津冀都市圈在发展过程中先后采取了京津冀发改委区域工作联席会议、京津冀三省市政府职能部门联席会议等形式；长三角都市圈采用了沪苏浙经济合作与发展座谈会、长江三角洲城市经济协调会、城市政府部门之间的协调会等形式；珠三角都市圈则采取了珠江三角洲城市群规划协调领导小组的形式（李国平和陈红霞，2012）。从治理主体角度可以看到中央政府、地方政府等的广泛参与，但截至目前，都市圈治理的主体及其协调方式还未固定，面对具体的区域治理问题时，对策措施也很难有效推进。二是没有法律赋予的权利地位和程序约束。目前，都市圈规划被认为是区域治理最有效的方式之一，它将都市圈城市的共同目标、发展方向以区域共同意识的形式体现出来。不过也要看到，统筹区域内部城市之间经济、社会发展的都市圈规划属于区域规划的一种类型，区域规划是一定地域范围内对未来一定时期经济社会发展和建设的总体部署，具有全局性的特点（崔功豪等，2006），但与城乡规划相比，目前区域规划的编制和实施缺乏法律规范和保障，不同类型规划之间的衔接亟待改进（杨丙红和刘新跃，2011）。都市圈治理除了都市圈规划外，还包括对经济、社会、空间和环境等涉及城市间协调问题的处理，而目前这些方面没有法定的程序约束。

由于都市圈成员主体的多元化，使得统一的区域目标难以形成。都市圈跨越多个行政边界，不同的行政单元拥有不同的发展目标，基于对自身所处发展阶段、发展中面临的主要矛盾认识不同，使得由多个城市或地区构建而成的都市圈很难有效协调。虽然都市圈规划在一定程度上通过"自上而下"或"自下而上"的方式达成了区域共识基础上的区域目标，但在实际执行的过程中，往往需要兼顾公平与效率、发展次序的优先与接续、发展过程中的主要矛盾与次要矛盾、发展目标之间的平衡等问题（陈红霞和李国平，2016a）。

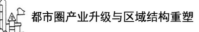

因为缺乏具有法定行政效力的行政管理主体，对于涉及区域共同利益的经济和社会事务，都市圈治理一般采用利益协调的沟通或协商形式，与层级管理模式相比，需要花费更多的人力、物力和财力，对于应急事件处理等也存在一定程度的低效性。在达成共识采取行动的层面上，也会出现个别地区搭便车的"风险"，弱化了统一行动的效果和能力。此外，都市圈独有的"中心—外围"结构使得都市圈治理难免出现个别地区在利益共享方面处于弱势地位。都市圈"中心—外围"的特殊区域结构决定了都市圈发展的极化特征，从都市圈实际治理情况来看，无论有无都市圈规划，圈域内部地区之间均在经济、社会、空间和环境等资源配置方面存在差异，"中心—外围"格局又决定了其在治理过程中难免出现优惠的经济社会政策对"中心"地区的倾斜，这在集中有限的资源促进中心地区快速发展方面是有利的，然而也必然在短期内减弱落后地区的发展积极性。

二、都市圈治理主体结构分析

目前，都市圈治理及其主体利益协调机制的研究尚处于探索阶段，就实践发展来看，国内的都市圈发展一般处于成长期。经济全球化和区域一体化改变着我国区域发展格局，都市圈治理中利益主体之间复杂的关系，以及由此派生出来的区域治理需求是理解都市圈治理的关键。都市圈治理主体主要涉及政治性主体和参与性主体两个层次。

1. 政治性主体

都市圈治理中，政治性主体主要是指各级政府，政府主体包括中央政府和地方政府，相应地，政府主体之间的关系主要涉及中央政府和地方政府、地方政府之间两个层次。除经济和社会全面发展等共同目标外，中央政府和地方政府的利益诉求还存在一定的差异性，中央政府更关注全国范围内的区域协调发展，区际公平和利益协调，都市圈经济发展对其他区域的辐射和带动作用，都市圈在全国乃至世界区域竞争中的地位和作用等全局和长远问题。地方政府则会考虑如何提升地方竞争力，在区域一体化发展中解决地区发展的现实矛盾，即以地方经济利益为核心的综合利益。在市场经济条件下，要实现以上目标，必然要求政府间的协调与合作，除地方政府间的横向联系外，要充分发挥中央政府的协调作用。中央政府能够统筹协调地方利益是减少地方矛盾分歧从而达成共识的有力保障，综观国内外都市圈发展，都可以看到中央政府的影子。

例如，美国都市圈治理在应对新的地区化和都市化的挑战下，都市圈内的地方公共机构尤其是地方行政机构也在不断改变其结构和手段，以各种形式设立的地方议会等具有协调地方政府利益的功能（让·皮埃尔·科林等，2009）。此外，都市圈规划目前尚不属于法定规划范畴，但由政府主导编制的区域规划作为一项公共政策，为区域经济一体化、空间一体化的发展，以及区域治理创造了良好的政策环境。例如，东京都市圈通过 1950 年颁布的《首都圈建设法》使得都市圈建设上升为法律层面，并促成了中央一级规划统筹机构——"首都建设委员会"的设立，而后经过不断重组调整，规划决策权力的上移对于提升区域性规划编制效率和实现效果作用显著，保证了首都圈规划和全国性规划体系的一致性，并且获得了大型项目的资金保障和政策倾斜（熊鸿儒，2016）。

2. 参与性主体

都市圈治理中涉及的主要参与性主体包括企业、社会组织、公众等。其中，企业是参与性主体中的重要类型，Friedmann（1986）对城镇体系等级网络关系的研究认为，城市体系的等级关系将成为跨国公司纵向生产地域分工的体现。事实上，大型公司尤其是跨国公司正通过"用脚投票"决定世界城市的经济发展活力，以这些企业为基础的产业转移从早期的劳动密集型产业，逐步过渡到资本密集型产业，再到技术、知识密集型产业，构建了世界经济网络的基本结构层次。在区域层面，以公司为载体的产业转移决定了地区的发展方向和发展潜力，在实践领域中，为招商引资在投资环境、法律制度、政府效率等方面开展的跨区域竞争也凸显了企业的重要作用。

当前，社会组织是社会管理的有效组织载体，近年来，社会组织发展迅速，在极大地促进经济社会发展的同时，也在区域治理中发挥了积极的作用。在都市圈治理中，主要的社会组织包括学术类社会团体和行业协会等。以京津冀都市圈治理为例，早在 20 世纪 90 年代，三地合作曾一度处于徘徊阶段，这一时期，由京津冀两市一省的城市科学研究会发起召开了五次京津冀城市发展协调研讨会。1994 年由研讨会提交的《建议组织编制京津冀区域建设发展规划》的报告获得国务院批准，并由国家计划委员会（现国家发展和改革委员会）牵头，会同建设部（现住房和城乡建设部）和各地区组织编制，有效地推动了都市圈治理的进程。此外，行业协会具有传递信息的中介作用，还具有优化产业结构、资源配置和避免重复建设的作用，可能成为经济一体化制度和组织创新的一个重要突破口（王洪庆和李士杰，2007）。1988 年，北京与河北环京地区的保定、廊坊、唐山、秦皇岛、张家口、承德六地市组建了环京经济协作区，建立了供销社联合会等行业协会组织，为相关产业合作创造了重要条件，也为实现都市圈治理奠定了良好的经济基础。

第二节　三大都市圈产业结构与治理结构的协同发展比较

一、京津冀产业结构与治理结构的协同发展

1. 京津冀产业升级与区域合作

1）第一产业合作

第一产业合作在京津冀一体化中占据着重要地位。京津冀三地在农业发

展方面存在优势互补的合作基础，在有限的土地资源供给条件下，随着城市产业结构升级，北京和天津两市农业生产成本逐年升高，两地用于发展农业的资源逐年减少。2015年，北京和天津两市第一产业产值仅分别占当地GDP的0.8%和1.3%左右。而京津冀都市圈中的河北是农业大省，农业发展的历史悠久，第一产业的经济贡献作用举足轻重，农业发展优势明显。此外，北京、天津目前仅有的农业形态已经呈现都市型现代农业特征，弱化了农业直接产品提供的作用，提升了其生态、休闲等功能。同时，河北的农业科技含量还相对滞后，现阶段河北着力实现农业的信息化，建立基地型现代农业，圈域内三省市对技术的需求和对农产品市场的依赖等给三方的农业合作提供了更多可能空间。事实上，立足于京津冀农业的不同定位及各自的优势，三地在农产品供应、科技支持、生态共建及农业产业化等领域已经开展了多层次的合作。

首先，在农产品供应和农业产业化方面，河北是北京主要的农产品生产基地之一，张家口、承德、廊坊、保定四市的蔬菜直接供应北京，在北京市场的占有率很高，四市已建立绿色有机蔬菜基地，为北京供应高标准的绿色有机蔬菜。其中，京承农业战略合作座谈会已成功举办五届，北京已有近百家涉农企业进入承德，建成了一批长期稳定生产的加工基地，在为承德带来收益的同时也促进了北京都市型现代农业的转型升级，实现了双边的互利共赢。

其次，在农业科技支持方面，北京和天津农业科技资源较为丰富，为河北农业发展提供了有力的科技支撑。近年来，北京搭建了以中央在京及市属农业科研院所（校）、国家工程技术研究中心、市级农业高新技术创新基地为基础的农业科技创新平台。以天津市农业科学院、水产研究所、农业机械研究所、水利勘测设计院和奶牛发展中心等专业性科研机构为主体的天津农业科研创新体系基本形成（张敏等，2015）。2014年京津冀三地供销社共同签署《京津冀供销社协同发展战略合作协议》，着力打造太行山、燕山现代农业示范园和全国性农产品电子交易综合平台等，促进河北农业的信息化发展。

最后，在生态共建方面，《河北省国民经济和社会发展第十二个五年规划

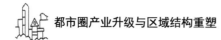

纲要》指出，要推动区域经济协调发展，特别提出要建设环首都绿色经济圈，逐步把环首都地区打造成为经济发达的新兴产业圈、绿色有机的现代农业圈、独具魅力的休闲度假圈、环境优美的生态环保圈、舒适怡人的宜居生活圈[①]。"环首都绿色经济圈"能从地区分工合作、互惠互利的角度，实现区域生态环境的保护和可持续发展。

2）第二产业合作

京津冀都市圈的第二产业合作主要表现在工业生产领域。在工业发展方面，北京的优势产业包括汽车、电子、机械等，在全国具有一定的竞争力。天津的汽车、电子信息、生物工程等在全国具有较高的竞争力，其中高新技术产业已经成为天津新的经济增长点。河北则以煤炭、冶金、化工、电子、石油、纺织等为主导产业，两市一省工业基础的差异性为区域内的产业合作奠定了重要基础（李国平，2014）。目前，北京第二产业整体向高端化发展，天津定位于建设具有更多自主知识产权和品牌的现代制造业基地，制造业和服务业成为经济发展的重要动力，具备较强的科研成果转换能力。河北仍以第二产业为主导，工业门类齐全。三地的第二产业合作以京津产业转移为契机，快速发展并实现了第二产业的空间布局优化。

2014 年，北京在全国城市中率先制定实施《北京市新增产业的禁止和限制目录（2014 年版）》，2015 年，北京市发展和改革委员会正式发布《北京市新增产业的禁止和限制目录（2015 年版）》，加快疏解非首都功能的步伐。根据《北京市新增产业的禁止和限制目录（2015 年版）》，在全市层面"不再新设立或新升格普通高等学校"和"禁止新设立面向全国招生的一般性培训机构"等。同时，全市"企业总部管理中，禁止京外中央企业总部新迁入，严控其他总部企业新迁入或新设立"等。北京非首都功能的有序疏解给天津和河北等周边地区带来机遇，为北京和周边地区的发展提供新的合作空间。

---

① 河北省环首都绿色经济圈简介.光明日报，2011 年 07 月 25 日。

3）第三产业合作

京津冀三地第三产业的发展梯度差相对较大，北京第三产业占比已接近80%，成为主导产业，相比之下，天津和河北的第三产业发展还有一定差距。第三产业合作是促进各地区第三产业发展、提升人民生活水平的重要保障，是增强区域整体竞争力的重要领域。

首先，在交通运输方面。京津冀协同发展将"交通一体化"作为三个率先突破的领域之一[①]。京津冀交通一体化目标是到 2020 年，计划形成京津冀9000 公里的高速公路网和主要城市 3 小时公路交通圈，9500 公里的铁路网和主要城市 1 小时城际铁路交通圈，实现首都国际机场 1 亿人次乘客目标和北京新机场一期工程的投入使用[②]。其次，在金融业合作方面。2011 年通过的《河北省国民经济和社会发展第十二个五年规划纲要》中，明确提出了推进京津冀金融一体化进程，打造区域金融合作共同体。2011 年 10 月 21 日京津冀三地银监局在廊坊签署了《京津冀银行业监管合作备忘录》，确定三地银监局要在加强监管交流、推动银行业广泛合作、支持地方经济发展等方面实现共赢，通过建立信息交流、检查互助、定期磋商等协调机制，实现对互设银行业金融机构的有效监管（李文哲和齐艳霞，2012）。华夏银行在 2015 年推出了京津冀协同卡，能够为三地居民提供"三地协同，优惠便利，七维一体"的综合金融服务。2015 年 6 月京津冀三地金融部门联手合作共建曹妃甸示范区，进一步推进了三地金融业的协同发展。最后，在其他行业合作方面。近三年来北京累计向天津、河北等地调整疏解了动物园、大红门、天意等批发市场 370 余家，使得都市圈内商贸物流体系更加合理。在医疗合作等方面，京津冀三地之间已有 9000 多家医疗机构实现互认，为异地就医提供便利。在教育合作方面，三地签署了多项教育合作交流协议，组建了多个高校创新发展联盟和高校协同创新中心，为京津冀都市圈的经济发展提供了人才和智力支持。

---

① 其他两个领域分别是"生态环境保护"和"产业升级转移"。

② 京津冀交通发展规划正在编制；三地主要城市将形成 3 小时公路交通圈；京石高速二通道今年力争建成通车，京台高速开建. 新京报，2014 年 4 月 9 日。

2. 都市圈治理结构发展

1）为解决局部问题的自发探索阶段（20 世纪 80 年代）

京津冀都市圈治理源于区域分工合作的现实需求。20 世纪 80 年代初期，为解决地区资源的供需矛盾，华北地区率先打破地区分割，成立了全国最早的区域协作组织—华北地区经济技术合作协会。协会通过政府间高层协调，解决地区间的物资调剂，指导企业开展横向经济联合，在该机制下，北京与河北环京地市合作建立了肉蛋菜等生活资料基地和纯碱、生铁等生产资料基地。随后在 1982 年的《北京城市建设总体规划方案》中正式提出了"首都圈"的概念，具体包括由北京、天津两市和河北唐山、廊坊和秦皇岛三市组成的内圈；以及由承德、张家口、保定和沧州四市组成的外圈。

这种为解决局部问题的自发探索在整个 20 世纪 80 年代一直持续。该地区先后以自发形式成立了环渤海经济研究会和环渤海地区经济联合市长联席会，前者主要是地区之间的学术研究，后者则搭建了地方政府之间的合作平台。1988 年，北京与河北环京地区的保定、廊坊、唐山、秦皇岛、张家口、承德六市组建了环京经济协作区，并建立了市长、专员联席会议制度，设立日常工作机构，建立了信息网络、科技网络、供销社联合会等行业协会组织。

2）为实现自身发展的徘徊前进阶段（20 世纪 90 年代至 21 世纪初）

进入 20 世纪 90 年代初期，在经济体制转轨的背景下，由于地区间经济关联度较低、产业趋同、缺乏可操作性的政策措施等，京津冀区域已有的区域经济合作一度停滞，区域协同发展一度放缓。90 年代中后期，长三角、珠三角等区域经济一体化程度明显提升，区域竞争力显著增强，京津冀区域协同发展再度引起关注。1996 年，《中华人民共和国国民经济和社会发展"九五"计划和 2010 年远景目标规划纲要》提出，"按照市场经济规律和经济内在联系以及地理自然特点，突破行政区划界限，在已有经济布局的基础上，以中心城市和交通要道为依托，逐步形成 7 个跨省区市的经济区域"，囊括京津冀区域的环渤海地区是其中之一。同年，《北京市经济发展战略研究报告》正式提出"首都经济圈"的概念，强调发展周边就是发展自己的理念。

3）为追求整体利益的规划探索阶段（2000~2013 年）

进入 21 世纪后，随着经济全球化和我国加入世界贸易组织（World Trade Organization，WTO），长三角、珠三角掀起了新一轮区域经济合作浪潮，并由此带动了区域一体化的进一步发展，京津冀区域协同也再次引起社会各界的高度关注。2004 年，国家发展和改革委员会地区经济司召集京津冀三地发展和改革委员会召开了京津冀区域经济发展战略研讨会，共同分析地区发展的形势和存在问题，商讨加快发展的政策建议，会议中三地官员达成了"廊坊共识"，并将石家庄纳入京津冀都市圈。同年，国家发展和改革委员会启动京津冀都市圈区域规划的编制工作。"十二五"规划提出了"首都经济圈"的概念，包括促进京津冀一体化发展，打造首都经济圈，将首都经济圈上升为国家战略。

4）统筹规划与区域协同发展全面实施阶段（2014 年至今）

2014 年，习近平总书记提出，努力实现京津冀一体化发展，自觉打破自家"一亩三分地"的思维定式，同年，京津冀协同发展领导小组成立。2015年 4 月，中共中央政治局会议审议通过《京津冀协同发展规划纲要》，京津冀协同发展进入全面实施阶段。近年来，京津冀三地在交通、生态环保、产业三个重点领域开展了卓有成效的协同发展实践，并在教育、医疗、司法等领域进行了深入探索。

目前，从地方角度看，区域性的合作已经成为各地谋求发展的共识，并已经在如"十二五"规划、"十三五"规划等文件中具体体现出来（表 6-1，表 6-2）。

表 6-1　京、津、冀三地"十二五"规划涉及的京津冀区域协同内容概览

地区	规划名称	主要规划内容	涉及主要地域范围
北京	《北京市国民经济和社会发展第十二个五年规划纲要》	"十二五"时期，要更深入广泛地开展与津冀晋蒙及环渤海地区合作，充分发挥首都优势，显著增强服务区域、服务全国的功能，共同推动区域一体化进程和首都经济圈形成，实现整体发展水平的跃升	津冀晋蒙、环渤海地区、全国
天津	《天津市国民经济和社会发展第十二个五年规划纲要》	深化京津冀区域旅游合作，实现资源共享、客源互送、市场互动，加强与环渤海、长三角、珠三角及东北亚区域旅游合作 积极扩大区域合作交流。增强大局意识和服务意识，完善区域合作机制，进一步扩大与兄弟省区市的交流与合作，在推动京津冀和环渤海地区优势互补、相互促进、协调发展中发挥更大作用。加强京津冀、环渤海区域交通、信息、旅游、人才等一体化发展	京津冀、环渤海、长三角、珠三角及东北亚区域
河北	《河北省国民经济和社会发展第十二个五年规划纲要》	坚持下大气力扩大对内对外开放，推动全方位的对外开放，推进京津冀区域经济一体化进程，深入与晋蒙等地区经济协作，提高开放型经济水平 以先进理念和现代技术为支撑，以物流信息化、标准化和国际化为重点，积极构建国内外联动、京津冀一体、沿海与腹地互动的现代物流体系，提升物流业在现代产业体系中的地位和作用 推进京津冀金融一体化进程。深化与国家金融机构合作，在京津周围谋划建设金融聚集区、金融服务区。打造区域金融合作共同体，推动京津冀同城支付结算系统、征信系统、产权和票据市场一体化	京津冀、晋蒙、长三角、珠三角等

　　注：各地规划中涉及的关键词包括"京津冀""首都经济圈"，另外，由于篇幅所限，只选取了所涉及都市圈协同发展的部分内容和所涉及的主要地域范围

表 6-2　京、津、冀三地"十三五"规划涉及的京津冀区域协同内容概览

地区	规划名称	主要规划内容	涉及主要地域范围
北京	《北京市国民经济和社会发展第十三个五年规划纲要》	深入实施京津冀协同发展战略，以有序疏解非首都功能、治理"大城市病"为重点任务 全力推动京津冀协同发展。紧紧把握北京在京津冀协同发展中的核心地位，发挥比较优势，发挥示范带动作用，创新合作模式与利益分享机制，加快推动错位发展与融合发展，实现区域良性互动 加强京津冀生态保护协作 把推动京津冀交通一体化与解决北京交通拥堵问题紧密结合起来，立足京津冀区域更大范围谋划交通发展	京津冀、京广线、京九线、全国
天津	《天津市国民经济和社会发展第十三个五年规划纲要》	推动京津冀产业对接协作 积极对接北京创新资源和优质产业，主动向河北省延伸产业链条，实现产业一体、联动发展 打造协同创新共同体 推进京津冀国家级大学创新基地建设。支持企业和科研院所合作建设跨区域产业技术联盟。与北京共建武清、东丽和北辰等创新社区。探索建立京津冀人才一体化发展机制，与京冀联合建立人力资源开发孵化基地，推动科技人才联合培养和自由流动	京津冀、环渤海、长江经济带、港澳台

地区	规划名称	主要规划内容	涉及主要地域范围
河北	《河北省国民经济和社会发展第十三个五年规划纲要》	把京津冀协同发展贯穿到各个领域各项工作，立足功能定位，统筹谋划布局，落实重点任务，在主动服务京津、接轨京津中促进河北加快发展 精准推进京津冀协同发展任务落实 立足京津冀区域整体功能定位和河北省"三区一基地"定位，精准确定功能分区，精准承接北京非首都功能疏解和产业转移，精准打造发展平台和载体，以交通、生态环保、产业三个重点领域率先突破为着力点，聚焦承接疏解、补齐短板，推动京津冀协同发展战略在我省全面落实	京津冀、环渤海、"一带一路"沿线省份、长城三角合作区、中原经济区、长三角、珠三角等

注：各地规划中涉及的关键词包括"京津冀""首都经济圈"，另外，由于篇幅所限，只选取了所涉及都市圈协同发展的部分内容和所涉及的主要地域范围

二、长三角产业结构与治理结构的协同发展

1. 长三角区域合作与产业升级

1）第一产业合作

随着城镇化的推进，长三角都市圈内上海和浙江农地面积逐渐减小，但苏皖两省减少幅度较小，在耕地总面积上具有优势，能满足上海及浙江对农产品的基本需求，因此，以农产品的供需为纽带，区域内部农业合作发展态势良好。都市圈内各地区之间还开展了广泛深入的农业科技合作，2001 年起，上海市农业科学院、江苏省农业科学院、浙江省农业科学院联合成立"苏浙沪农科院联合科技兴农服务团"，开创了长三角地区农业科技联合的先例，大量拥有自主知识产权的农作物品种在江苏、浙江大面积推广，为当地农业结构调整和品种优化做出了重要贡献（俞菊生等，2012）。

2）第二产业合作

随着经济快速发展，上海土地价格、劳动力价格不断升高，劳动力密集型产业成本抬升，对相关企业吸引力减弱，而外围城市急需相关产业转入以提升地区经济实力。长三角各省市通过建立产业转移示范区，合作建设产业园区开展第二产业合作，截至 2015 年，长三角地区上海、江苏、浙江、安徽

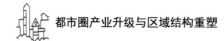

四省市参与合作共建园区已逾 200 个（刘东和陆海晴，2015）。从产业选择看，江浙皖三省合作共建园区多数以纺织服装、机械制造、电子器械、化工医药、食品等产业为主，而上海多依托自身产业和园区优势，发展新能源、电子信息等高新技术产业。

3）第三产业合作

长三角都市圈中心与外围城市第三产业合作广泛，涉及教育、科技等诸多方面。在教育方面，通过合作，实现三方面互动，一是互通，即建立实时交流互通的信息平台；二是互认，即教育方面的有关认可或评估可以互认；三是互流，即实现教育资源、人才的"无障碍"流动（赵锋，2009）。2012 年，沪苏浙皖三省一市高校毕业生就业工作主管部门共同签订《"长三角"区域高校毕业生就业合作框架协议》共同研究毕业生就业情况，促进区域内毕业生逐步实现无障碍流动。在科技方面，自沪苏浙共同签署《沪苏浙共同推进长三角区域创新体系建设协议书》以来，两省一市加快了科技合作的步伐（皮宗平，2009），通过推进基础科技信息资源的联网共享，联合推进科技攻关，加快推进科技资质认证的异地认可制度，共建、共用科技创新、转移及服务平台等途径和方式促进圈域内部的科技合作和交流。

2. 都市圈治理结构发展

1）早期区域合作阶段（改革开放前）

长三角区域三次产业广泛深入的合作与区域治理的不断探索密不可分，长三角都市圈合作起步较早，中华人民共和国成立以后，上海和江苏、浙江之间在计划经济体制的安排下，形成了江浙两地以发展农业为主、上海以发展工业为主的区域经济分工关系。其间上海发展迅速，1978 年，三次产业结构比为 4：77.4：18.6，而浙江和江苏则停留在以农业为主的阶段，浙江和江苏将农产品提供给上海，上海利用自己的工业优势，将农产品进行加工，供应给包括江苏和浙江在内的全国市场。都市圈内各地区的职能定位和产业特征，决定了这一时期地区产业间的垂直分工关系。

2）产业合作调整阶段（1980~1990 年）

1982 年，国务院决定成立上海经济区，以上海为中心，外围城市包括苏州、无锡、常州、南通和杭州、嘉兴、湖州、宁波、绍兴，共计十个城市，这是"长三角"经济圈概念的雏形①。由国务院成立的上海经济区规划办公室先后建立了两省一市省市长会议制度、十市市长联席会议制度，推动了地区经济合作。这一时期，上海和江浙地区之间的产业分工开始从垂直分工向水平分工方向发展。具体表现在，圈域内部地区之间的分工合作打破了计划经济的限制，产品和生产要素按供需决定的价格交换、流动和集聚，进一步表现在产业结构上，上海的工业比重下降，第三产业比重上升，区域的外向服务功能增强，外围地区（江苏、浙江）由于具有土地、劳动力成本优势，在承接、对接上海的过程中第二产业得到快速发展。

3）全面合作发展阶段（1990~2000 年）

20 世纪 90 年代，浦东经济开发区开发成为区域经济发展的引擎，上海的经济实力和区域竞争力快速增强。江苏、浙江等地凭借紧邻上海的区位优势，通过承接产业转移、共建产业园区、招商引资等方式实现了产业结构的转型升级，并逐渐形成了以外资开放为代表的江苏模式和以民营经济为代表的浙江模式，地区之间的分工合作关系也进一步巩固。这一时期，初步设立了区域协调机制，长江三角洲城市经济协调会也提出了数十项区域一体化专题，涉及科技、人才、交通、信息等多个领域，为全面区域合作做了很多尝试和探索。

4）区域一体化阶段（2000 年至今）

为适应地区分工合作的现实需求，这一时期在区域一体化方面进行了多维度的尝试，长三角区域治理结构趋向成熟。2004 年，长江三角洲城市经济协调会第五次会议决定会议由每两年召开一次，改为每年召开一次，2008 年《国务院关于进一步推进长江三角洲地区改革开放和经济社会发展的指导意

---

① 此时安徽未正式加入。

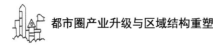

见》的出台使长三角区域一体化发展上升为国家发展战略①。2014 年，《国务院关于依托黄金水道推动长江经济带发展的指导意见》界定了长江经济带，包括 11 个省市②。2016 年 5 月，国务院常务会议通过《长江三角洲城市群发展规划》，规划中包含 26 个城市（上海 1 个、江苏 9 个、浙江 8 个、安徽 8 个），并于 2016 年 5 月 11 日起实施，长三角区域一体化步入崭新的发展阶段。

在长三角都市圈内部，区域性合作在"十二五"规划、"十三五"规划等文件中具体体现出来（表 6-3，表 6-4）。

表 6-3 沪、苏、浙、皖四地"十二五"规划涉及的长三角区域协同内容概览

地区	规划名称	主要规划内容	涉及主要地域范围
上海	《上海市国民经济和社会发展第十二个五年规划纲要》	充分利用国际国内两个市场、两种资源，更好地服务长三角、服务长江流域、服务全国 推动长三角地区一体化发展 贯彻落实国家长三角地区区域规划，完善合作机制，拓展合作领域，深化合作内容，共同建设具有较强国际竞争力的世界级城市群	江浙、长三角、沪港澳台等
江苏	《江苏省国民经济和社会发展第十二个五年规划纲要》	全面落实国家区域发展总体战略，紧紧抓住长三角区域经济一体化和江苏沿海地区发展上升为国家战略的重大机遇，放大国家战略和政策的叠加效应，加快苏北振兴、苏中崛起、苏南提升 积极推进长三角一体化进程 加快基础设施等重点领域一体化进程。建设长三角地区 加强区域产业合作。围绕长三角地区 提升发展长三角（北翼）核心区城市群。走以城乡发展一体化为导向、包括城市带和都市圈在内的城市群为主体形态、大中小城市和小城镇协调发展的新型城市化道路	长三角、泛长三角地区
浙江	《浙江省国民经济和社会发展第十二个五年规划纲要》	加快推进长三角区域一体化发展。贯彻实施国务院长三角指导意见和区域规划，加强区域分工合作，共同构建亚太地区重要门户、全球重要现代服务业和先进制造业中心、具有较强国际竞争力的世界级城市群，在科学发展、和谐发展、率先发展和一体化发展方面走在全国前列，努力建设成为实践科学发展观的示范区、改革创新的引领区、现代化建设的先行区、国际化发展的先导区。加快建设长三角区域重大基础设施体系、统一开放市场体系和方便高效公共服务体系，加强区域生态环境共保联防，优化区域发展环境。进一步创新区域合作机制，深化开展重点专题组合作	沪苏浙、长三角、海峡西岸经济区、皖江城市带

① 根据《国务院关于进一步推进长江三角洲地区改革开放和经济社会发展的指导意见》，长江三角洲地区包括上海、江苏和浙江。

② 根据《国务院关于依托黄金水道推动长江经济带发展的指导意见》，长江经济带覆盖上海、江苏、浙江、安徽、江西、湖北、湖南、重庆、四川、云南、贵州 11 省市，面积约 205 万平方公里。

地区	规划名称	主要规划内容	涉及主要地域范围
安徽	《安徽省国民经济和社会发展第十二个五年规划纲要》	坚持开放发展。进一步强化开放合作意识，完善区域合作机制，推动东向发展，全面参与长三角区域发展分工合作，加强与国内其他地区的经济联系，积极拓展境外合作领域和范围，更好地利用两个市场、两种资源，加速融入国际国内经济大循环，不断提高对外开放水平 全面加入长三角政府层面合作新机制，完善区域重大合作内容与合作事项协调落实机制，努力形成互动发展新格局……扩大城市经济分工合作范围，推进区域基础设施一体化，建立统一开放的区域市场体系，形成优势互补的产业体系	长三角、皖江城市带、合肥经济圈等

注：由于篇幅所限，只选取了所涉及都市圈协同发展的部分内容和所涉及的主要地域范围

表6-4 沪、苏、浙、皖四地"十三五"规划涉及的长三角区域协同内容概览

地区	规划名称	主要规划内容	涉及主要地域范围
上海	《上海市国民经济和社会发展第十三个五年规划纲要》	全面参与国家"一带一路"和长江经济带战略，促进长三角地区一体化发展 深入推进长三角地区协同发展 主动服务、积极作为，与苏、浙、皖三省深化合作，在新的起点共同促进长三角地区率先发展、一体化发展 积极拓展合作领域，加强交通、能源、信息、科技、环保、信用、人社、金融、涉外服务、城市合作、产业、食品安全等领域合作。以共建长三角世界级城市群为目标，加快形成互联互通的基础设施、联防联控的生态环境、共建共享的公共服务和统一开放的市场体系……	长三角、长江经济带等
江苏	《江苏省国民经济和社会发展第十三个五年规划纲要》	推进城市群高效一体发展。以城市群为主体形态，加快完善新型城镇化空间布局，推动形成支撑全省经济社会发展、带动区域协同并进、参与区域竞争合作的重要载体。以南京都市圈和苏锡常都市圈为重点，在更高层次和更深领域加强与长三角其他地区合作，共同建设具有重要国际影响力的世界级城市群 合力推进长三角区域一体化。密切与上海交流合作，强化与浙江两翼互动，深化与安徽经济协作，完善区域合作机制，共同辐射带动长江中上游地区发展。以建设长三角世界级城市群为契机，共建现代产业体系和区域协同创新体系，复制推广上海自贸区经验	长三角、长江中上游地区、港澳台
浙江	《浙江省国民经济和社会发展第十三个五年规划纲要》	深入推进长三角区域协同协调发展。主动接轨上海，重点推动交通、环保、公共服务、科技创新等领域共建共治共享，合力打造长三角世界级城市群。加强与上海的沟通协商和对接合作，加快推进小洋山北侧陆域和大洋山区域开发建设。积极对接上海制造业和服务业发展，支持临沪地区共建产城融合平台。推动浙闽赣皖四省九市协同发展，加强与海西对接融合，合力打造国家东部生态文明旅游区	长三角、港澳台、长江经济带
安徽	《安徽省国民经济和社会发展第十三个五年规划纲要》	进一步强化大开放理念，全面融入长三角一体化发展，加速融入国际国内经济大循环，在开放合作中拓展发展空间 深化长三角一体化发展：加快体制机制对接；推进重点领域一体化；共建全国重要的先进制造业和现代服务业基地	长三角、合肥经济圈、京津冀、苏浙沪等

注：由于篇幅所限，只选取了所涉及都市圈协同发展的部分内容和所涉及的主要地域范围

三、珠三角产业结构与治理结构的协同发展

1. 区域合作与产业升级

1）第一产业合作

人口的增加、建设用地的扩张、耕地面积的减少使得珠三角第一产业发展受到一定限制。珠三角都市圈的中心城市——广州和深圳第一产业不断弱化，2015 年广州第一产业产值占比 1.3%，深圳第一产业产值占比已经不足0.1%，处于相对较低的水平，中心城市农业生产功能的弱化为中心与外围之间的第一产业合作提供可能。

珠三角都市圈内中心城市与外围地区的第一产业合作，主要体现在农产品流动和农业生态环境保护等方面。2009 年广州与佛山签订《广州市佛山市农业农村同城化发展合作框架协议》，全面构建两市农业农村同城化发展格局；与肇庆、佛山签订广佛肇农业合作框架协议，加快了珠三角都市圈农业农村的合作步伐[①]。珠三角的农业合作充分发挥了地区比较优势，例如，广州在农业科研、农产品物流和加工、农产品质量安全管理等方面具有优势，佛山在花卉种植、水产养殖、农产品加工流通等方面比较突出，肇庆近年来推行的农业品牌战略，具有较强的农产品市场竞争力和广泛的知名度。

2）第二产业合作

珠三角都市圈中心城市与外围地区之间工业发展具有互补性，主要表现在中心城市在快速城镇化、工业化发展过程中出现的土地资源匮乏，以及由于制造业对土地和劳动力等生产要素的需求提升了相应要素的价格，第三产业发展因此受到限制，内生了外向产业转移的动力。而外围城市工业以传统产业为主，传统制造业长期停留在产业链的中低端环节，制造业利润微薄、

---

① 广州市农业局 2009 年工作总结.2010.http://wap.gzii.gov.cn/gzgov/2010na/201001/47578432b2f940cbb4f7590314f1201c.shtml[2011-10-14]。

抗风险能力弱，需要实现技术的改造更新及承接产业转移基础上的产业升级。通过早期承接香港产业转移，发展制造业，深圳的现代产业体系得以建立。随着深圳城镇化和工业化发展，第三产业成为城市的主导产业，具有在区域内实现第二产业资源重新布局的需求。产业转移工业园区的建设也是珠三角第二产业合作的有效方式，工业园区基础设施建设完善、扶持资金汇集，为承接中心城市外溢资源提供了良好保障[①]。

3）第三产业合作

第三产业合作是珠三角都市圈一体化的重要组成部分，因珠三角各城市同处于广东内部，产业合作的行政阻力较少。21世纪以来，佛山立足自身优势，有选择有重点地发展第三产业，在金融、研发设计、现代物流等高端生产性服务业，以及教育、医疗卫生、餐饮、房地产等生活性服务业方面取得了较快发展，同时，广州在信息、现代商贸、咨询等高端生产性服务业方面逐渐确立了比较优势（王军科，2014）。深圳的第三产业增长很快，目前占比已经超过80%，高附加值产业、未来型产业比重较大，各地的比较优势为第三产业的区域合作提供了平台。

2. 都市圈治理结构发展

1）区域协调发展的探索阶段（20世纪80年代至90年代初）

20世纪80年代，随着外向型经济的发展，珠三角经济由农业经济主导向工业经济主导转型，人口和生产要素快速集聚。这一时期，由于外围城市发展相对滞后，城镇体系尚不合理，也影响了地区之间的分工合作关系，区域协调发展格局还未形成，各城市缺乏合作和有效的资源整合。1991年珠三角编制了第一版区域规划——《珠三角城镇体系规划（1991-2010）》，重点在于建立合理的城市规模等级体系，培育区域增长极点，提出区域性重大设施的建设要求。

---

① 携手共建产业转移园区. 广州日报，2008年7月12日。

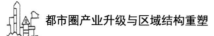

2）区域产业合作加速阶段（20 世纪 90 年代中期至 21 世纪初）

1994 年，广东省编制《珠三角经济区城市群规划》，提出"一个整体、一个核心、两条主轴、三大都市区"的空间结构理念，即以广州为核心，广深、广珠为两条主轴。珠三角都市圈在继续承接国际产业的同时，也加速自身产业结构的调整并将部分产业向外围相对落后和欠发达地区转移。相对于深圳、广州等区域中心城市，东莞、惠州、中山等是产业转移的主要承接地。从协调机构的设立来看，1994 年，珠三角规划领导小组成立，领导小组组长由常务副省长担任，副组长由两位副省长担任，成员为珠三角各市市长和有关省直单位的主要负责人，围绕区域性规划、重大项目建设、跨区域环保问题、土地问题进行协调（李建平，2015）。

3）区域一体化规划阶段（21 世纪初至 2010 年）

21 世纪初，随着经济的快速发展，珠三角城镇群已经成为全国城镇连绵程度最高、城镇化水平最高和经济要素最密集的城镇连绵区之一。但区域发展不平衡、城市经济联系薄弱、城乡发展差距较大等问题制约着珠三角城镇群的进一步发展。2008 年，珠三角编制了《珠三角地区改革发展规划纲要（2008-2020）》，从构建现代产业体系、统筹城乡发展、统筹基础设施布局、深化体制改革、加强港澳合作等方面，将对内协调发展，对外扩大开放，率先建立更加开放的经济体系，确立为珠三角地区经济社会发展的行动纲领。从区域治理主体来看，珠三角各市已经建立了主要领导联席会议制度、政府间工作协调机制、部门专责小组等多层次行政协调联动机制[①]。

4）区域一体化进程深化阶段（2010 年至今）

随着珠三角一体化进程的不断深入，珠三角地区辐射能力日益增强，都市圈的影响范围进一步扩大，区域一体化发展深化。2014 年，广东基于区域一体化发展的目标，提出编制《珠江三角洲全域规划》，通过全域规划把珠三

---

① 省委书记督办提案 珠三角群变单兵崛起为集团作战. 人民政协报，2009 年 11 月 2 日。

角九个市的城市乡村都纳入规划范围内，推动珠三角全面协调可持续发展。2016 年国家发展和改革委员会印发《关于加快城市群规划编制工作的通知》，提出拟启动珠三角湾区城市群等规划编制，"珠三角湾区"城市群规划将把珠三角九市和香港、澳门作为整体来考虑，势必进一步提升珠三角地区的合作范围和经济竞争力。从协调机制看，2010 年以后，珠三角都市圈形成了都市圈层面、省级层面、城市层面的全方位政府协调机制，有效地推动了区域一体化深入。

在珠三角都市圈内部，区域性合作在"十二五"规划、"十三五"规划等文件中具体体现出来（表 6-5，表 6-6）。

表 6-5　广州市、深圳市及广东省"十二五"规划设计涉及的珠三角区域协同内容概览

地区	规划名称	主要规划内容	涉及主要地域范围
广州	《广州市国民经济和社会发展第十二个五年规划纲要》	实施更加主动的开放战略，立足珠三角，以穗港澳合作、泛珠江三角洲合作及中国—东盟合作为重要平台，在更大范围、更广领域、更高层次上推进区域一体化和经济国际化，增创开放合作新优势 引领珠三角一体化发展；加强穗港澳台合作；主动服务全国发展；积极参与全球经济分工合作	珠三角、穗港澳台、全国
深圳	《深圳市国民经济和社会发展第十二个五年规划纲要》	强化全国经济中心城市和国家创新型城市的辐射带动作用，以深港合作、珠江三角洲一体化、泛珠三角区域合作、中国—东盟合作为重要平台，进一步扩大对内对外开放，积极参与区域合作与国际竞争，提高外溢型经济发展水平和质量，面向全国创造发展新空间，面向世界大力推进国际化，率先建立全方位、多层次、宽领域、高水平的开放型经济新格局 落实广东省关于珠三角地区一体化发展的要求，以基础设施一体化为先导，推动深莞惠与广佛肇、珠中江经济圈融合发展。推进产业布局一体化，构建特色突出、错位发展、互补互促、布局优化的区域产业格局	珠三角、泛珠三角等
广东	《广东省国民经济和社会发展第十二个五年规划纲要》	推进珠三角区域经济一体化 坚持政府推动、市场主导，突破体制障碍，强化统筹协调，整合内部资源，推进珠三角经济一体化取得实质性进展，全面提升珠三角整体竞争力 加强泛珠三角等区域合作 树立"泛珠"区域合作品牌，提升区域综合竞争力和国际影响力	珠三角、泛珠三角等

注：由于篇幅所限，只选取了所涉及都市圈协同发展的部分内容和所涉及的主要地域范围

表 6-6　广州、深圳及广东"十三五"规划设计涉及的珠三角区域协同内容概览

地区	规划名称	主要规划内容	涉及主要地域范围
广州	《广州市国民经济和社会发展第十三个五年规划纲要》	深化区域合作，服务全省带动泛珠 牢固树立服务他人就是服务自己、服务周边就是服务广州的理念，坚持远交近融，主动发挥国家中心城市和省会城市辐射带动功能，引领珠三角优化发展，带动粤东西北振兴发展，融合"两圈"（广佛肇清云韶经济圈、粤港澳优质生活圈），拓展"两带"（高铁经济带、珠江—西江经济带），把区域合作与拓展发展新空间、培育发展新动力有机结合起来	珠三角、泛珠三角等
深圳	《深圳市国民经济和社会发展第十三个五年规划纲要》	开创区域合作新局面。增强中心城市辐射带动功能，在协调发展中拓宽发展空间，积极推动泛珠三角区域合作，加快深莞惠和河源、汕尾"3+2"经济圈建设，打通与周边城市战略通道，加强经济、社会、生态环境等领域的全方位合作，不断扩大深圳经济腹地空间。全面提升深港、深澳合作水平，深化社会、民生、科技、文化、教育、环保等领域交流合作，为港澳长期繁荣稳定发挥重要作用	珠三角、泛珠三角等
广东	《广东省国民经济和社会发展第十三个五年规划纲要》	深入实施区域协调发展战略，优化区域功能和空间布局，加快推进珠三角地区优化发展和粤东西北地区振兴发展，推动形成资源要素有序自由流动、主体功能约束有效、基本公共服务均等、资源环境可承载的区域协调发展新格局 深入实施泛珠三角区域合作国家战略，贯彻落实《国务院关于深化泛珠三角区域合作的指导意见》，构建以粤港澳大湾区为龙头，以珠江—西江经济带为腹地，带动中南、西南地区发展，辐射东南亚、南亚的重要经济带，将泛珠三角区域打造成为全国改革开放先行区、全国经济发展重要引擎、内地与港澳深度合作核心区、"一带一路"建设重要区域、生态文明建设先行先试区	珠三角、泛珠三角等

注：由于篇幅所限，只选取了所涉及都市圈协同发展的部分内容和所涉及的主要地域范围

第三节　产业结构升级背景下都市圈治理结构的演进趋势

一、产业结构升级背景下都市圈发展的特征与趋势

1. 区域产业结构呈现深度调整优化趋势

习近平总书记在 2014 年底的中央经济工作会议上再一次强调了中国经济

的新常态。会议明确了新常态下国家经济的四个转向，即发展速度正从高速增长转向中高速增长，经济发展方式正从规模速度型粗放增长转向质量效率型集约增长，经济结构正从增量扩能为主转向调整存量、做优增量并存的深度调整，经济发展动力正从传统增长点转向新的增长点，即由要素驱动、投资驱动转向创新驱动。

在此宏观背景下，面向协同发展的都市圈产业结构也将呈现深度调整优化的发展趋势。首先，在都市圈协同发展中，中心城市将继续坚持高端、高效、高辐射的产业发展方向，以提升产业素质为核心，构建现代产业体系。将通过疏解中心城市冗余功能，收缩产业范围，进一步提升高端要素集聚的速度和水平，提高科技创新能力，增强金融服务、商务服务、信息服务等生产性服务业功能。其次，第二层级城市将通过淘汰高耗能、高污染的落后、冗余产能，强化信息化与工业化的深度融合，有重点地扶持现代服务业等途径实现产业结构的优化升级。最后，第三层级的部分城市通过承接部分重化工企业的转移，促进工业化快速发展，并依托中心城市形成有区域竞争力的都市型工业、都市型农业和都市型服务业。

2. 圈域内部地区间关系开始全面重组

在产业结构调整的基础上实现地区之间经济的分工协作，能够缩小地区差距和城乡差距，从而在区域经济均衡发展基础上实现区域经济一体化。面向未来发展，都市圈中心城市的城市职能和定位已较为明确，但若干中小城镇在区域发展中的角色尚不清晰，其区域地位也将在产业转移与承接，产业结构调整升级，区域分工与协作中重塑。都市圈"中心"与"外围"在各自产业结构优化升级的基础上，提高产业关联度，加强区域分工合作，是实现都市圈协同发展的经济基础。从工业化发展阶段看，京津冀、长三角、珠三角三大都市圈中心城市已进入后工业化发展阶段，外围城市多处于工业化的中期阶段，基于此，外围区域内部地区之间的竞合博弈也将更趋复杂，具有相同功能和区位条件的城镇将在承接产业转移、吸引高素质人才及其他优质

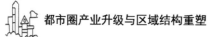

生产要素资源等方面存在不同程度的竞争。随着重大项目的陆续规划、建设和实施，地区之间的关系也将全面重组。

3. 都市圈呈现网络化的空间发展特征

多中心、网络化是区域城镇化发展的高级形式，这种区域结构模式的基本特征是强调区域内部城市之间，以及城市与郊区，或与周边城镇之间的横纵向联系，是覆盖城市及其周边与之互动、相互影响地区而形成的一体化区域。戈特曼所论及的世界六大都市圈，即以几个中心城市为核心，以"多中心、网络化"的经济、空间组织形式为特征的空间格局。

信息化、全球化和网络化不仅催生了新的经济模式，从而形成了新的社会经济发展范式，也影响了地域经济形态，最终使城市和区域空间发展模式发生根本变化，并呈现出新的特征（李国平，2010）。京津冀、长三角、珠三角区域发展将遵循城镇化发展的一般规律。不过长期以来，在都市圈区域内部，生产要素呈现明显的极化（一个中心城市或个别几个中心城市）趋势，大量的人口和经济活动向部分城市的集聚不仅带来了中心城市人口过多、交通拥堵、房价高涨等严重的城市病，也使周边区域长期处于发展相对滞后的梯度中。在区域协同发展战略下，伴随着统筹区域规划，明确城市职能定位，优化区域功能布局等，都市圈区域原有的均衡格局将被打破，区域将趋向以多中心化、网络化为特征的新的空间均衡。从京津冀、长三角、珠三角区域发展来看，随着地区分工和专业化发展，都市圈正形成以产业链的空间分工为基础的复杂区域网络。

二、都市圈治理主体利益协调机制构建

基于对理论和实践的分析，本研究认为都市圈治理主体利益协调是促进都市圈治理结构优化的关键，而这一问题的核心是多元主体（包括政治性主体和参与性主体）间多重目标的综合平衡，其利益协调机制将包括四个层次的内容，适应都市圈"中心—外围"的区域结构，都市圈治理主体利益协调机制的根本在于多元主体的协同共治机制的建立，而资源开发和生态补偿机制是保障，梯度产业格局的培育机制是基础，重点领域的优先发展机制是基本动力（图 6-1）。需要在兼顾主体利益诉求的基础上，充分考虑经济发展的梯度特征，因此，建构合理的经济和空间秩序，以实现都市圈协调发展是都市圈治理的中心。

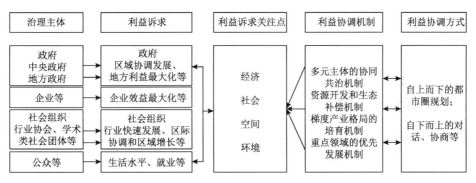

图 6-1 都市圈治理主体利益协调系统的概念模型

1. 多元主体的协同共治机制

在都市圈治理的实现过程中，多元主体之间的利益协调机制是维系和实现区域治理的关键。都市圈规划从自上而下的区域制度层面描绘了区域发展的愿景目标，为区域治理在经济、社会、空间、环境等层面目标的实现搭建了政策框架，而连接多元主体利益诉求和利益协调方式的多元主体协同共治机制显得尤为重要，这也是利益协调机制的根本。都市圈治理是一种适应经济一体化下区域资源整合的新公共管理形式，与传统公共管理的主要区别在于管理主体的多元性，除政治性主体外，在开放经济条件下，非营利性组织、私营部门和公众均有机会参与到区域治理过程中。

"协同"是区域公共治理的重要理念之一（李荣娟，2011），针对目前的都市圈发展，多元主体的协同共治机制的建设应重点在以下方面展开，一是要搭建政府间的合作平台，设立常设性工作机构，如成立都市圈协调治理办公

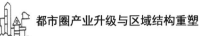

室，切实推进各地区法规政策的协调。以都市圈规划为契机，加强各级政府的联系，以常设性治理机构为纽带，强化政府之间的横向联系。各省市及有关部门也要成立相应的工作机构，切实加强组织领导，配备工作人员。二是扩大行业协会在都市圈治理中的作用。都市圈治理的基础是都市圈经济一体化，综观目前国内都市圈形成和发展的历史进程，在一体化的实现过程中，行业协会起到重要的促进作用（如长江三角洲城市经济协调会已被认为是政府间合作平台之外的"第二合作平台"）。在都市圈规划下，应进一步明确行业协会的职能定位，发挥其在行业标准、企业诚信、知识产权等区域治理方面的作用。三是拓宽学术界，尤其是学术科研团体在都市圈治理中的参与渠道。在我国区域发展实践中，各类学术类社会团体和专家的科研活动也为区域发展实践提供了重要的理论支撑。应更常态化地将学术类社会团体纳入都市圈治理过程中，辅助都市圈治理政策的制定。

2. 资源开发和生态补偿机制

资源开发和生态补偿机制是都市圈治理主体利益协调机制构建的基本保障。资源开发和生态补偿是指以保护生态环境，促进区域经济、社会、环境的可持续发展，以及人与自然和谐发展为目的，根据生态系统服务价值、生态保护成本、发展机会成本等，综合运用行政和市场手段，调整资源开发与利用、生态环境保护过程中各相关主体之间利益关系的公共政策。

建立、健全资源开发和生态补偿机制，不但是城市和区域可持续发展的重要保证，而且是正确处理落实科学发展观，建设资源节约型、环境友好型社会中的若干重大关系的重要举措。这一机制建设的核心是通过一系列的政策、法律和税费制度改革，实现区域资源开发各相关主体之间合理的利益分配。例如，京津冀都市圈北部城市共处于一个流域系统内，长期以来，由于流域系统内上下游之间发展机会不均等，加之北京、天津处于经济发展的极化阶段，河北部分地区生态恶化与经济落后问题并存，而"省级全流域生态补偿"的试点工作为当地与京津冀都市圈协调发展带来了新的契机。

在都市圈治理过程中，一方面，应在都市圈规划下，借助政府主导作用，建立健全资源开发与生态补偿立法，为建立补偿机制提供有力的法律依据，合理规划并确定开发的区位和开发的时序，明确相关主体的权利义务关系；另一方面，应充分发挥市场调节作用，要在市场定价的基础上，确定资源开发和生态环境保护的成本收益关系，采取法律、经济、行政、宣传教育等综合措施，从生态文明建设和可持续发展角度为都市圈治理提供保障。

3. 梯度产业格局的培育机制

梯度产业格局的培育机制是都市圈治理主体利益协调机制的基础。产业布局是产业发展在空间上的分布形式，静态上是指涉及产业发展的部门、要素及其组合在空间上的分布，动态上表现为产业发展要素（包括产业和企业）为选择最佳区位而形成的在地域空间上的流动、聚集和重组的过程。产业布局直接关系资源、要素在地区间的优化配置水平，直接影响产业在地域空间上的分工合作效率。

为适应地区发展的资源禀赋差异、自身发展的基础条件，以及地区分工合作的现实状态，在都市圈发展中，应倡导梯度的产业布局规划，即主张发达地区（或基础条件较好的地区）首先加快发展，通过主导产业的快速壮大带动地区经济实力的提升，而后通过产业、生产要素向较发达地区和欠发达地区转移，带动整个经济的发展，在都市圈规划下，梯度产业格局将成为都市圈治理主体利益协调的基本载体。

区域梯度产业格局的培育机制的建立应充分发挥政府主导作用，重点完善以下三个方面的政策：一是基于主体功能区划，明确都市圈区域的整体经济发展定位（鼓励、限制和禁止开发的区域等），在都市圈产业规划的制定、实施过程中，切实保证地方的产业发展、地区之间的分工合作遵循区域发展的既定目标，可以通过设立都市圈发展的专项基金，作为刺激特定地区经济发展，或补贴地区进行生态环境保护等的费用支出。二是在都市圈规划的实施过程中，根据都市圈产业整体发展的需要制定贸易政策，逐步降低行业间

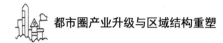

贸易及行业内贸易壁垒，实现都市圈整体利益和地区利益的双赢。三是通过设立差异化的地方政策，确定招商引资、发展地方经济的重点方向，通过调整地区的产业布局，实现都市圈整体产业格局的发展目标。

4. 重点领域的优先发展机制

重点领域的优先发展机制，即在都市圈规划下，在实施区域发展总体战略的过程中，允许在一些重点领域先行先试，使这些重点先行领域成为都市圈经济和社会发展的重要引擎，并为其他领域的区域合作提供示范和借鉴，成为构筑都市圈治理主体利益协调机制的动力。

在都市圈治理过程中，可优先考虑开展如下领域的合作：一是基础设施，基础设施一体化是区域经济一体化的重要基础条件，在国内外发展成熟的都市圈建设初期，均将基础设施一体化放在先行建设的位置，构建完善的以交通（空港、海港、铁路、公路、区间快速路为主体的综合交通体系）、水利为主的基础设施一体化是都市圈规划中的重点和难点。都市圈基础设施一体化的建设可以改变地区已有的区位优势，助推新的区域经济社会发展格局的形成，重塑区域治理主体的利益关系。二是金融，金融一体化是推动区域一体化的重要支撑，在都市圈规划下，率先推动金融领域的合作，通过金融制度的建设和政策完善，理顺区域金融合作过程中的利益关系，可以推动统一市场的建设，通过经贸互动带来地方经济效益和都市圈整体经济利益的提升。三是旅游，旅游业的区域合作是国内多数都市圈建设中的重点推进领域，在都市圈旅游业经营过程中，政府、行业协会、公众（甚至都市圈外的旅游者）均是重要的利益相关者，通过共建旅游信息平台（如长三角都市圈，于2010年开通长三角旅游网，提供了整个泛长三角地区各城市及周边城市旅游相关的资讯信息）、创新旅游产品（如2009年1月，河北与北京、天津相关部门联合发行"京津冀旅游一卡通"，有效地推动了三地旅游产业转型升级和区域一体化合作，促进了京津冀都市圈旅游业的综合发展）等，可以在整合区域旅游资源的同时，平衡地区间的经济利益关系，推动都市圈治理的良性发展。

三、都市圈治理中需要协调的主要关系

为促进区域协同，都市圈治理过程中需正确处理区域发展过程中的整体与局部、公平与效率、主要与次要、先发与接续等目标之间的关系，具体如下。

1. 兼顾区域发展的公平与效率

公平与效率是辩证统一的关系，区域发展实践中城乡差距扩大、社会贫富分化、区域发展不平衡都是一定程度上公平与效率失衡的结果，这种矛盾不仅会出现在地区之间，在地区内部也有不同程度的表现。都市圈治理需要兼顾区域发展中的公平与效率，区域发展应追求总体绩效的提升，即经济增速在稳定的涨幅范围内实现经济总量增长，在这一过程中，人民生活水平不断提高。同时，区域发展也应兼顾区域公平，即以上效率目标的实现应保证建立在区际实现公共服务的均等化，区际差距逐渐缩小之上。在区域实践中，效率应是实现公平的手段，公平应是协同发展的根本之一。

2. 兼顾发展次序的优先与接续

在人力、物力、财力有限的前提下，区域协同不排斥在发展过程中对重点区域的选择。区域科学经典的非均衡理论，包括循环积累因果原理、增长极理论、极化-涓滴效应学说、中心—外围理论、梯度推移理论、新经济地理理论等，无一例外地关注了区域这种经济发展模式，相关理论探讨了区域之间要素和资源的流动，产业的集聚和扩散过程等。在市场经济条件下，获得优先发展机会的地区往往具备更高的投资回报、更高的工资收入、更好的公共服务等，很难自发形成要素回流效应，因此，在适当的时机，辅之以恰当的财政、税收等政策加快后续地区的发展是都市圈协同成败的关键。

3. 兼顾发展过程中的主要矛盾与次要矛盾

都市圈治理要兼顾解决发展过程中的主要矛盾与次要矛盾，例如，京津冀都市圈目前发展面临的急需解决的现实问题包括交通基础设施的改善、生

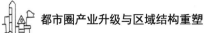

态环境的保护，以及地区之间产业的合理分工和协同发展等。基于此，《京津冀协同发展规划纲要》提出推进交通、生态环保、产业三个重点领域率先突破，充分体现了在处理区域内部各地区之间关系时，选择主要问题，以及处理区域内部经济、社会、空间、环境等问题时，选择主要问题的主要方面的辩证思维。这种兼顾主要矛盾和次要矛盾的思想同样适用于处理都市圈发展过程中关键领域的选择和关键行业的选择。

4. 兼顾整体利益与局部利益

在区域发展中，区域协同目标的实现不容回避的突出矛盾就是如何通过制度、政策等手段将有限的资源合理地配置到各个地区，这就需要同时兼顾整体利益与局部利益之间的矛盾。区域系统整体竞争力的提升与地区经济发展、区际关系改善互为因果，相互制约，无论是国家尺度的区域协同实践，还是地区尺度的区域协同工作都不应以牺牲个别地区的发展为代价。

5. 兼顾发展目标之间的平衡

都市圈治理面临的是复杂的区域系统，需要处理经济、社会、空间、环境等方方面面的问题，从区域发展的主次、先后、平衡到系统协调，追求的目标具有多元性。实践证明，在区域发展过程中各目标之间应是对立统一的关系，区域经济发展不应成为区域协同的唯一目标，生态环境的保护、社会问题的共同面对应成为地区间的共识，也是实现都市圈可持续发展的重要方面。

第四节　本　章　小　结

本章首先分析了都市圈产业结构升级与区域治理结构演进关系，从都市圈治理的特殊性和治理的主体结构角度剖析了都市圈治理结构的特点，研究认为，都市圈没有公认的界定标准，没有明确的空间边界，以及治理所涉及对象的利益难以兼顾性，使得都市圈治理区别于其他地区治理。其次，在理论分析的基础上，通过京津冀、长三角、珠三角三大都市圈的对比，论证了地区之间产业分工合作对区域治理的现实诉求，以及区域治理对地区间分工合作的促进作用。最后，从产业结构升级背景下都市圈发展的特征与趋势，都市圈治理主体利益协调机制构建，以及都市圈治理中需要协调的主要关系等多个角度分析了产业结构升级背景下都市圈治理结构的演进趋势。

参 考 文 献

安虎森, 1997. 增长极理论评述[J]. 南开经济研究, (1): 32.

安锦, 薛继亮, 2015. 基于产业视角的京津冀都市圈人口有序转移研究[J]. 中央财经大学学报, (2): 83.

北京市统计局研究所, 1997. 伦敦的第三产业[J]. 统计与预测, (1): 31-32.

蔡昉, 王德文, 曲玥, 2009. 中国产业升级的大国雁阵模型分析[J]. 经济研究, (9): 4-14.

蔡来兴, 1995. 国际经济中心城市的崛起[M]. 上海: 上海人民出版社.

曹雅文, 2008. 我国京津冀城市群治理模式研究[D]. 北京大学硕士学位论文.

陈汉欣, 2008. 中国文化创意产业的发展现状与前瞻[J]. 经济地理, 28(5): 728-733.

陈红霞, 李国平, 2009. 1985-2007 年京津冀区域市场一体化水平测度与过程分析[J]. 地理研究, 28(6): 1476-1483.

陈红霞, 2012a. 环渤海地区中心城市服务业发展的内部结构及空间分异特征[J]. 城市问题, (5): 65-68.

陈红霞, 2012b. 辽中南城市群中心城市服务业一体化发展的可行性分析[J]. 城市发展研究, (4): 72-76.

陈红霞, 2012c. 区域治理背景的都市圈利益诉求与培育机制. 改革, (4): 64-68.

陈红霞, 李国平, 2016a. 我国区域协同的时间演进及其内涵诠释[C]//赵景华. 政府管理评论. 北京: 经济管理出版社: 121-136.

陈红霞, 李国平, 2016b. 中国生产性服务业集聚的空间特征及经济影响[J]. 经济地理, (8): 113-119.

陈红霞, 贾舒雯, 2017. 中国三大城市群生产性服务业的集聚特征比较[J]. 城市发展研究, 24(10): 104-110.

陈佳贵, 黄群慧, 钟宏武, 等, 2007. 中国工业化进程报告[M]. 北京: 中国社会科学出版社.

陈建军, 葛宝琴, 2008. 文化创意产业的集聚效应及影响因素分析[J]. 当代经济管理, 30(9): 71-75.

陈立泰, 张祖妞, 2010. 我国服务业空间集聚水平测度及影响因素研究[J]. 中国科技论坛, (9): 51-57.

陈群元, 喻定权, 2011. 中国城市群的协调机制与对策[J]. 现代城市研究, 26(3): 79-82.

陈瑞莲, 2006. 区域公共管理导论[M]. 北京: 中国社会科学出版社.

陈睿, 吕斌, 2007. 济南都市圈城市化空间分异特征及其引导策略[J]. 人文地理, 22(5): 43-49.

崔功豪, 魏清泉, 刘科伟, 等. 2006. 区域分析与区域规划(第二版)[M]. 北京: 高等教育出版社.

戴宏伟, 康红俊, 赵文英, 2004. 利用"大北京"产业转移优化河北产业结构[J]. 经济与管理, (6): 8-11.

鄂冰, 袁丽静, 2012. 中心城市产业结构优化与升级理论研究[J]. 城市发展研究, 19(4):

60-64.

樊杰, 2005. 京津冀规划的挑战[J]. 财经界, (2): 112-114.

范剑勇, 2004. 长三角一体化、地区专业化与制造业空间转移[J]. 管理世界, (11): 77-84.

方创琳, 蔺雪芹, 2008. 武汉城市群的空间整合与产业合理化组织[J]. 地理研究, 27(2): 397-408.

冯飞, 王晓明, 王金照, 2012. 对我国工业化发展阶段的判断[J].中国发展观察, (8) :24-26.

冯海华, 甄峰, 刘慧, 等, 2008.城市生产性服务业空间分布研究: 以南京为例[J]. 世界地理研究, 17(1): 25-30.

高春亮, 乔均, 2010. 长三角生产性服务业空间分布特征研究[J]. 产业经济研究, (6): 38-43.

高汝熹, 罗明义, 1998. 都市圈域经济论[M]. 昆明: 云南大学出版社.

顾朝林, 1990. 中国城镇体系等级规模分布模型及其结构预测[J]. 经济地理, 10(3): 54-56.

顾朝林, 1991. 城市经济区理论与应用[M]. 长春: 吉林科学技术出版社.

顾朝林, 1992. 中国城市体系——历史、现状、展望[M]. 北京: 商务印书馆.

管驰明, 高雅娜, 2011. 我国城市服务业集聚程度及其区域差异研究[J]. 城市发展研究, (2): 108-113.

国家计委国土开发与地区经济研究所课题组, 2002. 对区域性中心城市内涵的基本界定[J]. 经济研究参考, (52): 1-48.

国家计委经济研究所课题组, 1996. 中国区域经济发展战略研究[J]. 管理世界, (4): 175-189.

郝寿义, 安虎森, 2004. 区域经济学(第二版)[M]. 北京: 经济科学出版社.

贺灿飞, 2006. 产业联系与北京优势产业及其演变[J]. 城市发展研究, (4): 99-108.

贺灿飞, 刘作丽, 王亮, 2008. 经济转型与中国省区产业结构趋同研究[J]. 地理学报, 63(8): 807-819.

金祥荣, 赵雪娇, 2016. 中心城市的溢出效应与城市经济增长——基于中国城市群 2000—2012 年市级面板数据的经验研究[J]. 浙江大学学报(人文社会科学版), (5): 170-181.

金元浦, 2009. 文化创意产业的多种概念辨析[J]. 同济大学学报(社会科学版), 20(1): 47-48.

克劳兹·昆斯曼, 2008. 多中心与空间规划[J]. 唐燕译. 国际城市规划, 23(1): 89-92.

李国平, 2010-03-25. 网络化大都市: 破解大城市发展空间难题[N]. 中国社会科学报,第 011 版.

李国平, 2014. 京津冀区域发展报告 2014[M]. 北京: 科学出版社.

李国平, 陈红霞, 2012. 协调发展与区域治理: 京津冀地区的实践[M]. 北京: 北京大学出版社.

李国平等, 2004. 首都圈结构、分工与营建战略[M]. 北京: 中国城市出版社.

李佳洺, 孙铁山, 张文忠, 2014. 中国生产性服务业空间集聚特征与模式研究——基于地级市的实证分析[J]. 地理科学, 34(4): 385-393.

李健, 2008. 从全球生产网络到大都市区生产空间组织[D]. 华东师范大学博士学位论文.

李建平, 2015. 珠三角区域一体化协同发展机制建设研究[J]. 南方建筑, (4): 9-14.

李金华, 2015. 德国"工业 4.0"与"中国制造 2025"的比较及启示[J]. 中国地质大学学报(社会科学版), 15(5): 71-79.

李京文, 蒋国瑞, 何喜军, 2012. 北京制造业发展史[M]. 北京: 中国财政经济出版社.

李廉水, 2009. 中国特大都市圈与世界制造业中心研究[M]. 北京: 经济科学出版社.

李廉水, 周彩红, 2007. 区域分工与中国制造业发展——基于长三角协整检验与脉冲响应函数的实证分析[J]. 管理世界, (10): 64-74.

李荣娟, 2011. 协同视角下的区域公共治理契机选择与政策供给[J]. 中国行政管理, (6): 89-92.

李少星, 顾朝林, 2010. 长江三角洲产业链地域分工的实证研究——以汽车制造产业为例[J]. 地理研究, 29(12): 2132-2142.

李淑芳, 2010. 英国文化创意产业发展模式及启示[J]. 当代传播, (6): 74-76.

李文哲, 齐艳霞, 2012. 京津冀区域金融合作的机制创新及切入点[J]. 改革与战略, (6): 75-77.

李学鑫, 田广增, 苗长虹, 2010. 区域中心城市经济转型: 机制与模式[J]. 城市发展研究, (4): 26-32.

李耀光, 赵弘, 2010. 北京发展生产性服务业的比较优势研究[J]. 宏观经济管理, (3): 64-65.

梁进社, 贺灿飞, 张华, 2005. 近10年北京经济职能的发展变化[J]. 地理学报, (4): 577-586.

林兰, 曾刚, 2003. 纽约产业结构高级化及其对上海的启示[J]. 世界地理研究, 12(3): 44-50.

刘德寰, 2007. 年龄论: 社会空间中的社会时间[M]. 北京: 中华工商联合出版社.

刘东, 陆海晴, 2015. 长江经济带11省市聚首谋合作 流域园区合作联盟成立[EB/OL]. 21世纪经济报道, http: //money. 163. com/15/1013/05/B5PJDCI300253B0H. html[2018-04-05].

刘海滨, 刘振灵, 2009. 辽宁中部城市群城市职能结构及其转换研究[J]. 经济地理, 29(8): 1293-1297.

刘翔, 曹裕, 2011. 两型社会视角下的区域协调发展评价研究——基于长株潭城市群的实证分析[J]. 科技进步与对策, 28(6): 108-113.

刘秀丽, 潘华, 1995. 中国经济地理[M]. 银川: 宁夏人民出版社.

刘志广, 2004. 制度变迁下世界经济增长极的形成与国际经济中心城市的崛起[J]. 世界经济与政治, (11): 62-63.

马国霞, 田玉军, 石勇, 2010. 京津冀都市圈经济增长的空间极化及其模拟研究[J]. 经济地理, (2): 177-182.

马海龙, 2009. 区域治理体系构建研究[J]. 北方经济, (6): 36-38.

马洪, 1986. 略论中心城市的重要地位和功能作用[J]. 城市问题, (4): 2-9.

木内信藏, 1951. 都市地理学研究[M]. 東京: 古今書院.

宁越敏, 1991. 新的国际劳动分工世界城市和我国中心城市的发展[J]. 城市问题, (3): 2-7.

宁越敏, 严重敏, 1993. 我国中心城市的不平衡发展及空间扩散的研究[J]. 地理学报, (2): 97-104.

牛文元, 2009. 中国新型城市化战略的设计要点[J]. 中国科学院院刊, 24(2): 130-137.

皮宗平, 2009. 长三角两省一市科技合作的现状及对策建议[C]. 北京: WTO与中国学术年会.

戚本超, 周达, 2006. 北京城市职能发展演变研究[J]. 城市问题, (7): 30-33.

覃成林, 周姣, 2010. 城市群协调发展: 内涵、概念模型与实现路径[J]. 城市发展研究, 17(12): 7-12.

让·皮埃尔·科林, 雅克·勒韦勒, 克莱尔·波特哈, 2009. 加拿大与美国都市圈内政府治理差异分析[J]. 城市观察, (1): 51-62.

茹乐峰, 苗长虹, 王海江, 2014. 我国中心城市金融集聚水平与空间格局研究[J]. 经济地理, 34(2): 58-66.

阮仪三, 2005. 论文化创意产业的城市基础[J]. 同济大学学报(社会科学版), 16(1): 39-41.

沈金箴, 2003. 东京世界城市的形成发展及其对北京的启示[J]. 经济地理, 23(4): 571-576.

石崧, 2005. 从劳动空间分工到大都市区空间组织[D]. 华东师范大学博士学位论文.

石忆邵, 1999a. 城市化理论问题三议[J]. 城市规划学刊, (4): 25-27.

石忆邵, 1999b. 从单中心城市到多中心城市——中国特大城市发展的空间组织模式[J]. 城市规划学刊, (3): 36-39.

石忆邵, 2001. 中国城市化研究的回顾与展望[J]. 城市规划学刊, (3): 24-27.

石忆邵, 章仁彪, 2001. 从多中心城市到都市经济圈——长江三角洲地区协调发展的空间组织模式[J]. 城市规划学刊, (4): 51-54.

孙翠兰, 2007. 西方空间集聚——扩散理论及北京城区功能的扩散[J]. 经济与管理, 21(6): 85-88.

孙久文, 邓慧慧, 叶振宇, 2008. 京津冀都市圈区域合作与北京的功能定位[J]. 北京社会科学, (6): 19-24.

孙一飞, 1995. 城镇密集区的界定——以江苏省为例[J]. 经济地理, 15(3): 36-40.

田文祝, 周一星, 1991. 中国城市体系的工业职能结构[J]. 地理研究, 10(1): 12-23.

王德, 赵锦华, 2000. 城镇腹地划分计算机系统的开发研究与应用[J]. 城市规划, 24(12): 37-41.

王何, 逄爱梅, 2003. 我国三大都市圈域中心城市功能效应比较[J]. 城市规划汇刊, (2): 72-76.

王洪庆, 李士杰, 2007. 行业协会与长江三角洲地区产业一体化[J]. 当代经济管理, (1): 75-76.

王晖, 2010. 北京市与纽约市文化创意产业集聚区比较研究[J]. 北京社会科学, (6): 32-37.

王慧敏, 2012. 文化创意产业集聚区发展的 3.0 理论模型与能级提升——以上海文化创意产业集聚区为例[J]. 社会科学, (7)31-39.

王佳宁, 罗重谱, 白静, 2016. 成渝城市群战略视野的区域中心城市辐射能力[J]. 改革, (10): 14-25.

王军科, 2014-05-12. 评论: 发展第三产业 广东佛山找准自己的节奏[N]. 南方日报.

王可, 2010-01-19. 文化创意产业之都——伦敦[N]. 北京商报.

魏后凯, 2007. 大都市区新型产业分工与冲突管理——基于产业链分工的视角[J]. 中国工业经济, (2): 30-36.

魏鹏举, 杨青山, 2010. 文化创意产业集聚区的管理模式分析[J]. 中国行政管理, (1): 81-83.

吴启焰, 1999. 城市密集区空间结构特征及演变机制[J]. 人文地理, 14(1): 11-16.

吴群刚, 杨开忠, 2010. 关于京津冀区域一体化发展的思考[J]. 城市问题, (1): 11-16.

吴晓隽, 高汝熹, 陈志洪, 2006. 上海大都市圈制造业竞争力研究——基于偏离份额法的实证[J]. 上海交通大学学报(哲学社会科学版), 14(2): 52-59.

席强敏, 李国平, 2016. 京津冀生产性服务业空间分工特征及溢出效应[J]. 地理学报, 70(12): 1926-1938.

熊鸿儒, 2016. 东京都市圈的发展模式、治理经验及启示[EB/OL]. http://www.cet.com.cn/ycpd/sdyd/1805738.shtml[2018-04-05].

熊雪如, 覃成林, 2013. 我国城市群协调发展模式分析——基于长三角、珠三角和长株潭城市群的案例[J]. 学习与实践, (3): 5-12.

许锋, 周一星, 2008. 我国城市职能结构变化的动态特征及趋势[J]. 城市发展研究, (6): 49-55.

许学强, 1982. 我国城镇规模体系的演变和预测[J]. 中山大学学报(社会科学版), (3): 40-49.

许学强, 周一星, 宁越敏, 1997. 城市地理学[M]. 北京: 高等教育出版社.

许政, 陈钊, 陆铭, 2010. 中国城市体系的 "中心-外围模式" [J]. 世界经济, (7): 144-160.

闫小培, 钟韵, 2005. 区域中心城市生产性服务业的外向功能特征研究——以广州市为例[J]. 地理科学, 25(5): 537-543.

杨丙红, 刘新跃, 2011. 我国区域规划的法律问题研究[J]. 学术界, (7): 104-109.

杨开忠, 2008. 我国首都圈发展的几个重大问题[J]. 社会科学论坛(学术研究卷), (2): 149-152.

杨学聪, 2015-08-26. 北京发布新增产业禁限新版《目录》城六区首次实施统一禁限措施[N]. 经济日报.

杨勇, 高汝熹, 罗守贵, 2007. 都市圈中心城市及其经济势能[J]. 安徽农业科学, 35(13): 4062-4063

姚士谋, 侯晓虹, 1994. 上海国际化大都市的地域空间扩展[J]. 城市规划, (4): 1-4.

姚士谋, 许学强, 1992. 中国城市群(第 1 版)[M]. 合肥: 中国科技大学出版社.

叶必丰, 2004. 长三角经济一体化背景下的法制协调[J]. 上海交通大学学报(哲学社会科学版), 12(6): 5-13.

殷为华, 沈玉芳, 杨万钟, 2007. 基于新区域主义的我国区域规划转型研究[J]. 地域研究与开发, (5): 12-15.

于涛方, 顾朝林, 吴涨, 2006. 中国城市功能格局与转型——基于五普和第一次经济普查数据的分析[J]. 城市规划学刊, (5): 13-21.

于涛方, 甄峰, 吴泓, 2007. 长江经济带区域结构:"核心—边缘"视角[J]. 城市规划学刊, (3): 41-48.

俞菊生, 张晨, 罗强, 2012. 区域农业合作评价指标体系构建研究——以长三角地区为例[J]. 上海农业学报, 28(4): 1-5.

袁家冬, 周筠, 黄伟, 2006. 我国都市圈理论研究与规划实践中的若干误区[J]. 地理研究, 25(1): 112-120.

原新, 唐晓平, 2006. 都市圈化: 一种新型的中国城市化战略[J]. 中国人口•资源与环境, (4): 7-12.

张从果, 杨永春, 2007. 都市圈概念辨析[J]. 城市规划, 31(4): 31-36.

张京祥, 邹军, 吴启焰, 等, 2001. 论都市圈地域空间的组织[J]. 城市规划, (5): 19-23.

张可云, 2004. 京津冀都市圈合作思路与政府作用重点研究[J]. 地理与地理信息科学, 20(4): 61-65.

张可云, 陈丽娜, 2011. 基于环渤海地区的北京产业结构分析[J]. 北京社会科学, (4): 24-29.

张来春, 2007. 长三角城市群汽车产品价值链分工研究[J]. 上海经济研究, (11): 43-52.

张敏, 苗润莲, 李梅, 等, 2015. 京津冀现代农业区域协作的战略思考[J]. 北京农业职业学院学报, (2): 5-10.

张其仔, 2008. 比较优势的演化与中国产业升级路径的选择[J]. 中国工业经济, (9): 58-68.

张强, 陈怀录, 2010. 都市圈中心城市的功能组织研究[J]. 城市问题, (3): 21-27.

张蔷, 2013. 中国城市文化创意产业现状、布局及发展对策[J]. 地理科学进展, 32(8): 1227-1236.

张若雪, 2009. 从产品分工走向功能分工: 经济圈分工形式演变与长期增长[J]. 南方经济, (9): 37-48.

张婷麟, 孙斌栋, 2014. 全球城市的制造业企业部门布局及其启示——纽约、伦敦、东京和上海[J]. 城市发展研究, 21(4): 17-22.

张为付, 吴进红, 2002. 对长三角、珠三角、京津地区综合竞争力的比较研究[J]. 浙江社会科学, (6): 24-28.

张文博, 傅桦, 李梦舒, 2008. 国内都市圈及其规划的研究进展[J]. 首都师范大学学报(自然科学版), (6): 93-97.

张文忠, 1999. 大城市服务业区位理论及其实证研究[J]. 地理研究, (4): 99-108.

张亚斌, 黄吉林, 曾铮, 2006. 城市群、"圈层"经济与产业结构升级——基于经济地理学理论视角的分析[J]. 中国工业经济, (12): 45-52.

张寅, 2006. 韩国文化创意产业的发展模式[J]. 中国投资, (6): 43-47.

赵锋, 2009. 长三角教育联动发展大事记[J]. 上海教育, (17): 17.

赵弘, 2006. 总部经济: 中心城市产业升级的动力引擎[J]. 中国城市经济, (7): 80.

赵继敏, 刘卫东, 2009. 文化创意产业的地理学研究进展[J]. 地理科学进展, (4): 503-510.

赵群毅, 周一星, 2007. 北京都市区生产者服务业的空间结构——兼与西方主流观点的比较[J]. 城市规划, (5): 24-31.

赵伟, 2005. 中心城市功能与武汉城市圈发展[J]. 武汉大学学报(哲学社会科学版), 58(3): 300-305.

赵艳妮, 2017. 协调发展理念下城市群内府际关系协调的优化路径[J]. 管理观察, (24): 90-91.

钟韵, 刘东东, 2012. 文化创意产业集聚区效益的定性分析——以广州市为例[J]. 城市问题, (9): 95-100.

周立群. 2007. 创新、整合与协调——京津冀区域经济发展前沿报告[M]. 北京: 经济科学出版社.

周立群, 夏良科, 2010. 区域经济一体化的测度与比较: 来自京津冀、长三角和珠三角的证据[J]. 江海学刊, (4): 81-87.

周一星, 1986. 关于明确我国城镇概念和城镇人口统计口径的建议[J]. 城市规划, (3): 10-15.

周一星, 1996. 北京的郊区化及引发的思考[J]. 地理科学, (3): 198-206.

周一星, 布雷特肖 R, 1988. 中国城市(包括辖县)的工业职能分类: 理论、方法和结果[J]. 地理学报, (4): 287-298.

朱虹, 徐琰超, 尹恒, 2012. 空吸抑或反哺: 北京和上海的经济辐射模式比较[J]. 世界经济, 3(1): 111-124.

朱江丽, 李子联, 2015. 长三角城市群产业-人口-空间耦合协调发展研究[J]. 中国人口·资源与环境, 25(2): 75-82.

朱彦刚, 贺灿飞, 刘作丽, 2010. 跨国公司的功能区位选择与城市功能专业化研究[J]. 中国软科学, (11): 98-109.

祝尔娟, 2009. 京津冀一体化中的产业升级与整合[J]. 经济地理, 29(6): 881-886.

成田孝三, 1995. 转换期の都市と都市圈[M]. 京都: 地人书房.

川口太郎, 1985. 东京通勤圈にぉける小卖业の空间构造[J]. 地理学评论, 58(11): 744-753.

富田和晓, 1988. わが国大都市圈の構造变容研究の现段階と諸問题[J]. 人文地理, 40(1): 40-63.

富田和晓, 1995. 大都市圈の構造的变容[M]. 東京: 古今書院.

富田和晓, 藤井正, 2002. 図説大都市圈[M]. 東京: 古今書院.

Berry B J L, 2008. Urbanization[M]//Marzluff J M, et al. Urban Ecology. New York: Springer:25-48.

Beyers W B, Alvine M J, 1985. Export services in postindustrial society[J]. Regional science association, 4(33) : 45.

Bryson J R, 1997. Business service firms, service space and the management of change[J]. Entrepreneurship & regional development, 9(2): 93-112.

Camagni R, Capello R, 2004. The City Network Paradigm:Theory and Empirical Evidence[A]//Capello R, Nijkamp P. Urban dynamics and growth: Advances in urban economics . Amsterdam: Elsevier : 495-529.

Chen H X, Li G P, 2011. Empirical study on effect of industrial structure change on regional economic growth of Beijing-Tianjin-Hebei metropolitan region[J]. Chinese geographical science,21 (6): 708-714.

Christaller W, 1966. Central Places in Southern Germany[M]. Translated by Baskin C W. Englewood Cliffs: Prentice-Hall.

Coe N M, 2014. Missing links: Logistics, governance and upgrading in a shifting global economy[J]. Review of international political economy, 21(1): 224-256.

Coffey W J, McRae J J, 1989. Service Industries in Regional Development [M]. Montreal: Institute for Research on Public Policy.

Cooke P, 1989. Localities: the Changing Face of Urban Britmn[M]. London: Unwin Hyman.

Crocombe G T, Enright M J, Porter M E, 1991. Upgrading New Zealand's Competitive Advantage[M]. Oxford: Oxford University Press.

Davis J C, Henderson J V, 2004. The Agglomeration of Headquarters[R]. Working Paper, Boston Census Research Data Center.

Dickinson R E, 1947. City Region and Regionalism[M]. London: Kegan Paul.

Drake G. 2003. This place gives me space: Place and creativity in the creative industries[J]. Geoforum, 34(4): 511-524.

Duranton G, Puga D, 2000. Diversity and specialisation in cities: Why, where and when does it matter?[J]. Urban studies, 37(3): 533-555.

Dye R F, McMullen D P, 2007. Teardowns and land values in the Chicago metropolitan area[J]. Journal of urban economics, 61: 45-63.

Friedmann J, 1986. The world city hypothesis[J]. Development & Change, 17(1): 69-83.

Friedmann J, 1995. Where We Stand: A Decade of World City Research[M]//Knox P L, Taylor P J, World Cities in a World System. Cambridge: Cambridge University Press.

Friedmann J, Miller J, 1965. The urban field[J]. Journal of the American Institute of Planners, 31:

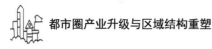
312-320.

Frost-Kumpf H A, 1998. Cultural Districts Handbook: The Arts as a Strategy for Revitalizing Our Cities[M]. Washington D C: American for the Arts.

Gillespie A E, Green A E, 1987. The changing geography of producer services employment in Britain[J]. Regional studies, 21(5): 397-411.

Gordon P, Richardson H W, 1996. Beyond polycentricity: the dispersed metropolis, Los Angeles, 1970-1990[J]. Journal of the American Planning Association, 62(3): 289-295.

J, 1957. Megalopolis or the urbanization of the Northeastern Seaboard[J]. Economic Geography, 33(3): 189-200.

Guerrieri P, Meliciani V, 2005. Technology and international competitiveness: The interdependence between manufacturing and producer services[J]. Structural change & economic dynamics, 16(4): 489-502.

Gutiérrez J, Conde-Melhorado A, Martín J C, 2009. Using accessibility indicators and GIS to assess spatial spillovers of transport infrastructure investment[J]. Journal of transport geography, 12(3): 1-12.

Hagerstrand T, 1953. Innovation Diffusion as a Space Process[M]. Chicago: University of Chicago Press.

Hall P, 1966. The World Cities (3th ed)[M]. London: Weidenfeld and Nicolson.

Hall P, 1996. The global city[J]. International social science journal, 48(1) : 15-23.

Hall P, Pain K, 2006. The Polycentric Metropolis: Learning from Mega-city Regions in Europe[M]. London: Earthscan.

Harris C D, Ullman E L, 1945. The nature of cities[J]. The annals of the American academy of political and social science, 242(1): 7-17.

Hoyt H, 1939. The Structure and Growth of Residential Neighborhoods in American Cities[M]. Washington D C: Federal Housing Administration.

Illeris S, Sjoholt P, 1995. The nordic countries: High quality services in a low density environment[J]. Progress in planning, 43(3): 205-221.

Kasarda J D, 1989. Urban industrial transition and the underclass[J]. The Annals of the American Academy of Political and Social Science, 501(1): 26-47.

Keating M, 1997. The invention of regions: political restructuring and territorial government in west Europe[J]. Environment and planning, (4): 383-398.

Keating M, 1998. The New Regionalism in Western Europe: Territorial Restructuring and Political Change[M]. Cheltenham U K: Edward Elgar Publishing.

Krugman P, 1991a. Increasing returns and economic geography[J]. Journal of political economy, 99(3): 483-499.

Krugman P, 1991b. Geography and Trade[M]. Cambridge M A: MIT Press.

Krugman P, 1996. Making sense of the competitiveness debate[J]. Oxford review of economic policy, (12): 17-25.

Lang R E, LeFurgy J. 2003. Edgeless cities: Examining the noncentered metropolis[J]. Housing Policy Debate, 14(3): 427-460.

Lazzeretti L, Francesco C, 2015. Narrow or broad definition of cultural and creative industries: evidence from Tuscany, Italy[J]. International journal of cultural and creative industries, 2(2): 4-19.

Marrewijk C V, Stibora J, Vaal A D, et al. , 1997. Producer services, comparative advantage, and international trade patterns[J]. Journal of international economics, (1-2): 195-220.

McGee T G, 1991. The Emergence of Desakota Regions in Asia: Expanding Ahypotheis[A]// Ginsburg N, Koppel B, McGee T G. The Extended Metropolis: Settlement Transition in Asia. Honolulu, Hawaii: University of Hawaii Press: 6-9.

Morgan D R, Mareschal P, 1999. Central-city/suburban inequality and metropolitan political fragmentation[J]. Urban affairs review, 34(4): 578-595.

O'Connor J, 2010. The Cultural and Creative Industries: a Literature Review[R]. London: Creativity, Culture and Education Series.

Pickles J, Smith A, Buček M, et al., 2006. Upgrading, changing competitive pressures, and diverse practices in the east and central European apparel industry[J]. Environment and Planning A, 38(12): 2305-2324.

Roberts P, Sykes H, 2000. Urban Regeneration: A Handbook[M]. London: Sage Publications.

Sassen S, 2001. The Global City: New York, London, Tokyo[M]. Princeton: Priceton University Press.

Sassen S, 2015. Losing Control?: Sovereignty in the Age of Globalization[M]. New York: Columbia University Press.

Scott A J, 1982. Locational patterns and dynamics of industrial activity in the modern metropolis[J]. Urban studies, 19(1): 114-142.

Scott A J, 2002. Global City-regions: Trends, Theory, Policy[M]. Oxford: Oxford University Press.

Scott A J, 2006. Entrepreneurship, innovation and industrial development: Geography and the creative field revisited[J]. Small business economics, 26(1): 1-24.

Scott A J, 2014. Beyond the creative city: cognitive–cultural capitalism and the new urbanism[J]. Regional studies, 48(4): 565-578.

Shearmur R, Alvergne C, 2002. Intrametropolitan patterns of high-order business service location: A comparative study of seventeen sectors in Ile-de-France[J]. Urban studies, 39(7): 1143-1163.

Shilton L, Stanley C, 1999. Spatial patterns of headquarters[J]. Journal of real estate research, (17): 341-364.

Smith A, Pickles J, Buček M, et al., 2014. The political economy of global production networks: Regional industrial change and differential upgrading in the east European clothing industry[J]. Journal of economic geography, 14(6): 1023-1051.

Stead D, Hoppenbrouwer E, 2004. Promoting an urban renaissance in England and the Netherlands[J]. Cities, (2) : 119-136.

Taylor P J, Walker D R F, 2001. World cities: A first multivariate analysis of their service complexes[J]. Urban studies, 38(1): 23-47.

Thorns D C, 2002. The Transformation of Cities: Urban Theory and Urban Life[M]. London: Palgrave Macmillan.

Tschetter J, 1987. Producer services industries: Why are they growing so rapidly?[J]. Monthly labor review, 110(12): 31-40.

U. S. Department of Commerce, 1952. U. S. Census of Population: 1950, Number of Inhabitants[M]. Washington D C: U. S. Government Printing Office .

Yeates M, 1980. North American Urban Patterns[M]. London: Edward Arnoldsssss.